하나님과의
언약

나는 내가 예수님을 구주로 영접한 순간 내가 살아 있는 모든 날 동안 주일은 하나님께 예배드리기로 약속한 날이라 생각한다. 살면서 바쁘거나 중요한 일이 있다고 그 약속을 취소할 수는 없다고 생각한다. 십일조도 마찬가지라 생각한다. 앞으로 나의 모든 수입의 십분의 일은 하나님께 드리기로 이미 약속했다.

하나님과의 선약

김용태 지음

도서출판 **153**

추천의 글

 높은뜻 푸른교회는 매 주일 오전 8시가 되면 '보이지 않는 성전'을 짓습니다.

 평소에 학생들이 쓰던 강당과 교실들을 하나님을 예배하는 성전으로 바꿉니다. 모든 교역자들과 교사들이 모여서 쓸고 닦고, 음향과 영상을 셋팅하고 의자들을 놓습니다.

 2009년 1월에 높은뜻 숭의교회에서 분립하고 높은뜻 푸른교회는 지금까지 매 주일 그렇게 하고 있습니다. 그런데 그 동안 매 번 변함없이 교역자들과 같이 셋팅 노가다(?)를 빠지지 않고 하신 분이 바로 김용태집사님 이십니다. 곧 장로로 임직을 하실텐데 그래도 여전히 계속 하실 분 이십니다.

 이 책을 보면서, 김용태집사님이 이때까지의 삶이 하나님과의 약속을 가장 우선적으로 성실하게 지키며 살아 왔다는 것을 알게 되었습니다. 정말 변함이 없는 모습이 도전이 되고 모범이 되었다고 느꼈습니다.

 높은뜻 푸른교회의 목사로서 '세상의 왕 같은 제사장'으로 하나님의 법과 식대로 사시는 모습에 얼마가 감사가 넘쳤는지 모릅니다.

 "나는 유명한 사람도 아니고 그저 평범하게 살아가지만, 나로 인해 내가 있는 내 주변만이라도 썩지 않고 어둡지 않도록 비추는 작은 빛과 소금의 역할을 하고싶다는" 는 집사님의 고백을 딸 안나도, 아들 요한이도 하게 될 줄로 믿고, 수많은 후배들과 제자들이 하게 될 것입니다.

높은뜻 푸른교회 담임목사 문희곤

아름다운 세상, 행복한 가정을 위해 땅끝까지 아버지운동을 펼쳐 나가고 있는 나의 신실한 동역자인 저자는 '하나님과의 선약'에서 이 시대를 살아온 남자로, 남편으로 아버지로서 치열한 삶의 현장에서 겪어야만 했던 어려움과 좌절들 특히 사랑하는 아내를 사별하는 아픔을 신앙인으로 어떻에 극복해 왔는지를 진솔하게 다루며 또한 아버지학교 스태프로서 그리고 주일학교 교사로서 30여년을 섬기면서 어떻게 섬기는 것이 하나님의 뜻과 방법인지 삶의 모든 순간마다 하나님의 뜻을 찾아 살기를 힘쓰는 그 모습이 우리에게 큰 감동과 공감을 주고 있습니다

이땅의 아버지들과 주일학교 교사들에게 일독을 권합니다

두란노아버지학교운동본부 상임이사 김성묵 장로

머리말

　나에게는 매주 화요일마다 함께 식사를 하고 차를 마시며 대화를 하는 좋은 친구가 있다. 운동을 하다 만난 친구인데 몇번 식사를 같이 하고 차를 마시며 서로를 알아가게 되었다. 둘 다 크리스찬이고 나름대로 철학을 가지고 신앙생활을 하고 있고, 둘 다 꾸준히 독서를 하고 있었다. 그래서 어떤 주제로 대화를 해도 서로 말이 통하는 그런 사이가 됐다. 내가 운동하는 곳을 옮기면서 일주일에 한번 같이 식사하는 시간은 계속 갖기로해 6년 넘게 좋은 시간을 갖고 있다. 그러던 중 약 6년전쯤 나에게 "좋아하는 일을 하고 있느냐"고 묻는데 돌이켜 보니 아내를 떠나 보낸후 꿈도 희망도 없이 그저 하루 하루를 살아온 것 같았다. 그리고 내가 좋아하는게 뭐가 있었는지를 생각해 보니 어린시절 글을 쓰고 싶어했던 기억이 났다 그래서 글을 쓰기로 했다.

　마침 신앙생활을 시작한지 30년차여서 내 신앙을 돌아보며 내 생각들을 정리하며 글을 쓰고, 아버지학교에서의 간증문을 시간 때문에 많은 부분을 생략 했는데 그 부분을 다시 정리해 보았다.

책을 600여권 인쇄하여 주변분들에게 나누어 주었는데 생각보다 많은 분들이 반응해 주셨고 또 과분한 칭찬도 들었다. 그래서 용기를 내어 이번에 장로 장립을 받으며 글을 좀더 쓰고 보완하여 증보판을 내게 되었다.

이책이 나오기까지는 많은분들의 도움의 손길이 있었다. 출판 할 수 있도록 경제적인 도움을 준 형 누나 그리고 두 동생들 인쇄를 무료로 담당해준 백승프린팅의 백승룡형제님과 대원 P&D의 윤여준 사장님, 예쁘게 표지디자인을 해준 나명균형제 바쁘고 피곤한 중에도 멀리 미국에서 원고 교정을 해준 차방진 사모님, 독수리 타법인 아빠를 위해 타자를 쳐준 아들 요한이 그리고 부족한 저의 책에 추천서를 써 주신 높은뜻푸른교회 문희곤 담임 목사님과 두란노아버지학교 운동본부의 김성묵 상임이사님과 출판을 위해 함께 기도해준 서울중부 아버지학교 형제님들께 감사를 드리며 이 모든 손길을 통하여 일하시는 하나님아버지께 감사와 영광을 돌립니다.

차례

1

하나님과의 선약

　구원의 확신을 갖고 믿음이 조금씩 자라면서 세상 중심의 삶에서 믿음 중심의 삶으로 바뀌면서 하나님 뜻대로 살기 위해 노력하게 되었다. 그 당시 내가 가장 지키기 힘들 것으로 예상한 것은 주일 성수 문제였다. 틈만 나면 경춘선 열차를 타고 산으로 강으로 떠났던 내가 과연 그 유혹을 다 이길 수 있을까 생각했다. 그러나 지나고 보니 구원의 확신을 가지고 주일을 지키기로 결심한 후 30여년 간 주일을 지키지 못한 것은 딱 두 번으로 기억된다.

　주일을 꼭 지키기로 결심할 때 정말 친하게 지내는 두 친구가 있었다 그래서 "하나님 이 친구들 주일날 결혼하면 그때만 봐 주세요" 했는데, 한 친구는 결혼할 때 "야, 너 때문에 내 결혼식 토요일로 잡았으니 꼭 와라." 해서, 시골까지 가서 하루를 보내고 왔다. 100% 나 때문은 아니겠지만 그래도 고마웠다. 또 한 녀석은 주일날로 결혼식을 잡아놓고 "너는 못 오지?" 하는데 차마 안갈 수가 없어서 그 친구 결혼식에는 주일 예배를 드리지 못하고 시골에 가서 결혼식 사회를 보면서 사진까지 찍어 주고 왔다.

80년대 초에는 내가 일하는 인쇄업계는 매주일 쉬지 않고 대부분 첫째 주일과 셋째 주일만 쉬는 데가 많았다. 예수 믿기 전 근무하던 회사에서 다시 일하게 되었는데 사장님께 "저는 이제 교회에 다니고 있으므로 매주일 쉬지 않으면 취업할 수 없습니다." 했더니 매주 쉴 수 있도록 해주겠노라고 해서 취업을 했다. 전에 근무할 때는 일이 바쁘면 사장님이 특별히 말하지 않아도 야근해야 할 상황이면 야근하고, 쉬는 날도 알아서 일했다. 그 덕분에 10.26사태 이후 취업이 쉽지 않던 때에 취업을 할 수 있었다. 그러니까 사장님은 주일날도 바쁘면 내가 일할 것으로 생각하고 나를 취업 시켰다. 그러던 어느 토요일 일이 많이 밀렸다. 상황으로 봐서는 내일 주일에 일을 해야 할 상황이었다. 그래서 그냥 토요일 밤늦게까지 일을 했다. 그때는 통행금지가 있어서 밤 12시가 넘으면 새벽 4시까지는 움직일 수가 없는 때였다. 결국 11시 40분 정도까지 일하고 택시를 타고 들어왔다. 그 이후 사장님도 나를 주일은 절대로 일을 안 하는 것으로 생각하고 거래처와 미리미리 준비를 했다. 그러다보니 토요일은 대부분 늦게까지 일하는 경우가 많았다. 내 사업을 시작하고도 마찬가지였다. 토요일은 대부분 야근이고 그것이 불편한 사람들은 거래처를 바꿨지만 개의치 않았다. 나중에 보니 어떤 손님은 꼭 주일에 처리해야 할 일이 있을 때는 나

몰래 믿지 않는 직원과 약속하고 주일에 일처리 하는 경우도 한 두번 있었다. 청년회 성경공부를 인도할 때는 7시에 퇴근했다가 다시 돌아와 일을 처리하고 퇴근 한 적도 몇 번 있었다.

한 해는 성탄절이 토요일이었다. 연말이라 엄청나게 바쁜데 남들은 토요일과 주일 이틀 다 쉬지 않고 일하는데 그 상황에서 이틀을 쉰다는 것은 너무 힘든 상황이었다. 이것은 단순한 돈 문제가 아니다. 우리 거래처들이 우리 때문에 피해를 볼 수도 있기 때문이다. 그래서 기도했다 "하나님, 성탄절과 주일 모두 쉴 수 있게 해주세요." 그런데 정말 기적이 일어났다.

12월 24일 저녁 6시 우리 동네에서 바쁘걸로 치면 둘 째 가라면 서러워하던 우리 회사에 그것도 연말 가장 바빠야 할 그 시간 단 한건의 원고도 없이 원고 통이 텅 비었다. 마치 흐르던 요단강물이 멈춘 것처럼 기도한 나도 놀랐지만 함께 일하던 직원들도 놀랐다. 그래서 "우리 손님 오기 전에 빨리 나갑시다." 하고 얼른 문 잠그고 나와서 사실상 포기했던 성탄전야 예배까지 참석할 수 있었다.

어떻게 보면 나의 이런 행동이 율법적으로 보일 수 있다고 생각한다. 누가복음 14장 16~24절에 보면 잔치에 초대했지만 실제 잔치에 가는 걸 거절하는 세 사람이 나온다. "한 사람은 나는 밭을 샀으매 아무래도 나가 보아야 하겠으니 청컨대 나를 양해하도록 하라 하고, 또 한 사람은 이르되 나는 소 다섯 겨리를 샀으매 시험하러 가니 청컨대 나를 양해하도록 하라 하고, 또 한 사람은 이르되 나는 장가들었으니 그러므로 가지 못하겠노라 하는지라" 이런 비유가 나온다. 사실 내 상식으로는 충분히 있을만한 일이고 주인이 섭섭하기는 하겠지만 그렇게까지 열 받을 일은 아니라고 생각한다. 그런데 이 당시 중동지방에서는 처음에 약속을 해 놓고 두 번째 초대를 거절하면 선전포고로 간주할 정도라고 하니 우리 정서와는 많이 다른가보다.

나는 내가 예수님을 구주로 영접한 순간 내가 살아 있는 모든 날 동안 주일은 하나님께 예배드리기로 약속한 날이라 생각한다. 살면서 바쁘거나 중요한 일이 있다고 그 약속을 취소 할 수는 없다고 생각한다. 십일조도 마찬가지라 생각한다. 앞으로 나의 모든 수입의 십분의 일은 하나님께 드리기로 이미 약속했다.

그 외에 십계명도 마찬가지라 생각한다. 먼저 다니던 교회의 주일학교에서 전도사님이 안 계시면 내가 대신 설교를 했다. 그 기간을 다 합치면 3년은 넘을 것 같다. 한 번은 꽤 오랜 기간 전도사님이 안 계셔서 내가 설교를 하게 되었는데 그 기간이 자꾸만 길어졌고 금방 해결될 것 같지 않았다. 일 년 가까이 하다 보니 밑천이 딸리기 시작했다. 직장생활과 주일학교 담임도 하고 있으므로 매주 설교를 하는 것이 점점 짐이 되어 갔다. 매 주 본문 정하고 주제를 잡는 것이 너무 힘이 들어서 나도 공부 좀 할겸 십계명 설교를 하기로 마음먹었다. 십계명 설교를 하면서 정말로 크게 깨달은 것이 있다. 그전까지는 나름대로 철저하게 신앙생활을 했지만 십계명은 하나님께서 사람을 통치하기 위해 하나님 위주로 만든 법이라 생각했다. 그런데 어느 순간 그게 아니라는 생각이 들었다. 십계명은 하나님을 위해서가 아니라 우리를 위해 주신 것이라고, 일 계명을 통해 우리가 헛된 것을 찾아 우상 섬기는 것을 막아 주셨고, 안식일 계명을 통해 일주일에 하루는 꼭 쉴 수 있도록 해주셨으니 얼마나 감사한 일인가 실제로 나와 같이 구역 예배를 드리던 성도 중에는 남대문시장에서 일하는 분들인데 거의 매일 마지막 전철을 타고 퇴근했고, 퇴근하면서도 일할 것을 싸들고 오는 부부가 있었다. 그래서 구역예배 중 그런 질문을 했다. "집사님, 혹시 집사님 부부는 교회에 다니지 않았으면 일 년 열두 달 거의 하루도 못 쉬고 일하실 것 같은데 어떻게 생각하느냐"고 물었더니 그랬을 것 같다고 말했다. 그러니 이 얼마나 감사한 법인가. 부모를 공경하라는 법이 있으니 내 자녀들이 나를 공경할 것이고, 도둑질하지 말라는 계명은 내 재산을 지켜주고 있으니 우리가 이렇게 집 비워 놓고도 평안히 활동하는 것이 아닌가. 살인하지 말라는 법은 내 생명을 지켜준 법이고, 간음하지 말라는 법은 나의 순결을 지켜줄 뿐만이 아니라 내 아내의 순결을 지켜주고 나의 딸, 아들 그리고 장래의 며느리, 사위의 순결을 지켜 주는 법이다. 그렇게 생각하니 감사할 수밖에 없고 그 법을 최선을 다해 열심히 지키는 것은 너무나 당연한 일이다.

나중에 높은뜻푸른교회에서 십계명 강의를 들어보니 이런 계약을 종주권 계약이라고 배웠다. 갑이 을에게 일방적으로 유리하게 할 수 있는 계약이라는 것은 나중에 알게 되었다.

나는 그래서 주일은 무조건 다른 약속을 하지 않았다. 그것은 이미 내가 예수님을 믿은 후 하나님과의 선약이라고 생각했기 때문에 하나님과의 선약을 지키기 위해서였다. 그 이후 딱 한번 2006년 1월 29일 주일 교회에 출석하지 못했다.

그 날은 설 연휴였고 아내가 세상을 떠나기 나흘 전이었다. 모두들 명절 연휴라 아무도 찾아오는 이가 없었고 2인실이던 병실에는 같이 입원해 있던 환자는 중병이 아니었으므로 설을 쇠기 위해 외출을 했다. 병실에는 나와 아내 둘만이 남았다. 그동안 옆에 다른 환자와 보호자가 있어서 소리 내는 것이 곤란했는데 단 둘이 남았으므로 그 날 힘없이 누워 있는 아내 앞에서 마음껏 찬송도 불러주고 성경도 읽어주며 그렇게 예배를 대신했다. 결혼한 이후 17년 동안 바늘과 실처럼 붙어 다니며 항상 함께 예배 드렸던 우리였기에 어느 나이 드신 집사님이 저녁예배 때 우리 앞에 오셔서 "집사님 부부는 내가 보기에도 이렇게 좋은데 하나님 보시기에는 얼마나 좋을까"라고 하시던 말씀이 생각났다. 하지만 이 땅에서 아내와 마지막 주일은 그렇게 병실에서 쓸쓸하게 보냈다.

꼭 교회에 출석해서 예배드리지는 못했지만 그 예배 또한 받아 주셨으리라 생각한다.

2

3분짜리 철야기도

　교회에 출석한 첫 해 여름 8월 중순에 여름 수련회가 있었다. 수련회가 뭔지도 모르던 때였지만 교회의 중요한 행사인 것 같아서 나도 성도의 한 사람으로서 참석하고 싶었다. 하지만 3일간의 시간을 낼 수가 없어서 금요일 오후 조금 일찍 퇴근해서 수련회 장소인 도봉산 기도원을 혼자 찾아갔다. 도착해서 "여기가 ○○교회 수련회 장소 맞느냐"고 물었더니 아무도 나를 알아보는 분이 없어서 "맞는데 어떻게 오셨느냐"고 물었다. 그래서 저도 이교회 성도라고 말했더니 청년회 회장을 불렀다 나를 아는 사람은 청년회 회장과 심방전도사님 뿐이었던 것 같다. 그날 저녁 식사를 하고 예배를 드린 후 산상 철야기도회를 하게 됐다. 3분만 기도하면 세계일류평화를 위한 기도까지 모두 끝낼 때인데 밤새 기도하는 것을 도저히 할 수 없었지만 한밤중에 혼자 집에 갈 수도 없고, 특별히 따로 있을 곳도 없어서 그들과 함께 산으로 올라갔다. 전도회 별로 흩어져 기도하는데 청년회원은 회장님과 나 둘 뿐이었으므로 남전도 회원들과 같이 갔다. 아무것도 보이지 않는 캄캄한 산 속에서 사방으로 흩어져 기도하는 소리가 들렸다. 나는 바위 위에 올라가 그 3분짜리 기도를 몇 번 반복했고 어느 책에서 보니까 기도가 안될 때는 주기도문을 외우라고 했던 기억이 나서 주기도문을 외웠다. 수십번, 한밤중 멍청하게 바위 위에 앉아서 3분짜리 기도와 주기도문을 반복하는 내가 한심하게 생각되었다. 한참 후 기도를 마친 분들이 하나둘씩 모여들었고 내가 초 신자인 것을 안 그 분들이 "여러분 우리 이 청년을 위해 기도해 줍시다." 하더니 모든 사람들이 나를 에워싸고 머리나 어깨에 손을 대고 기도해 주기 시작했다. 아무것도 모르고 고개 숙이고 웅웅거리는 그들의 기도 소리를 들으며 결심했다. 내가 이 산에서 내려가면 새벽기도라는 걸 시작하리라. 그것은 기도를 열심히 하거나 잘 하고 싶어서가 아니라 자존심이 상해서였다. 남들은 밤을 새우며 기도하는데 3분짜리 기도라니, 그래서 그다음 월요일 새벽 4시 30분 새벽기도에 갔다. 교회에 도착해보니 너무 일찍 와서 불도 꺼져 있고 문도 잠겨 있었다. 한참을 문 앞에 쭈그리고 앉아서 기다리니 교회에 숙식하시는 여전도사님이 교회 문을 열어 주시며 놀라는 표정을 지었다.

교회 출석한지 얼마 되지 않은 청년이 새벽예배에 나왔고 한참 기다린 듯한 내 모습 때문이었다.

그 이후 교회 2층 소예배당 오른쪽 앞에서 두 번째 줄은 내 기도 자리가 되었다. 성령님이 나의 기도를 인도해 주셔서 나도 곧 30분, 한 시간, 철야기도도 할 수 있게 되었다. 그 이후 밤을 지새우며 하는 철야 기도를 만 7년을 개근할 수 있었다. 새벽기도는 1년 반 정도 계속 했는데 그 다음해 가을, 교회에 분란이 있어서 새벽기도 때에도 양편으로 나뉘어 싸우는 바람에 우리 교회에서 새벽기도를 할 수 없었다.

그래서 가까운 다른 교회 새벽기도회에 참석하게 되었는데, 이웃을 잘못 만났다. 그 때는 한참 기도에 불이 붙었을 때였고 교회도 어려움을 겪다보니 자연히 늦게까지 기도할 수밖에 없었다. 기도를 마치고 돌아가려고 하는데 그 교회 목사님과 나이 드신 할머니 한 분이 내가 기도마치기를 기다렸다가 말을 걸어와서 대화를 하게 되었다. 어느 교회를 출석하느냐고 물으시기에 "사실은 여기서 가까운 ○○교회에 출석 하는데 교회에 이런 어려움이 있어서 그동안 이 교회 새벽기도회에 참석하고 있노라고" 말씀드렸다. 내 생각에는 그러면 그 분들이 그러냐며 어려움 겪는 우리 교회를 위해 기도해 줄줄 알았는데 그 분들은 의외로 "왜 그런 교회에 출석하느냐, 당장 그 교회 출석 그만 두고 자기 교회로 오라며 우리 목사님 설교가 얼마나 은혜스러운지 다음 주에 꼭 와서 들어보라"고 강권했다. 그 말을 듣는 목사님은 흐뭇한 표정을 지으며 그렇게 해보라고 했다.

너무 어이가 없어서 적당히 얼버무리고 그 교회와 발을 끊고, 교회가 정상화되면 다시 우리 교회에서 새벽기도를 시작하려 했는데 그만 오래도록 쉬게 되었다. 그동안 얼마나 새벽기도를 열심히 했던지 하루는 술을 아주 많이 마신 날이 있었다. 그래도 새벽기도 시간에 맞춰

옷을 챙겨 입고 성경책을 들고 일어섰는데 술 냄새가 진동을 했다. 술을 마신 내가 술 냄새를 느낄 정도니 교회 가면 온 예배당에 술 냄새가 진동할 것 같아 옷을 챙겨 입고도 교회에 가지 못하고 방을 맴돌다가 그래도 가기로 했다. 그 때는 여름이었고 지금처럼 에어컨이 없던 시절이었다. 그래서 여름에는 창문을 열어 놓고 예배드리던 때라 창가에 앉으면 냄새가 덜 나리란 생각으로 교회에 갔다. 떨리는 마음으로 교회 예배당 문을 열었다. 그런데 와~ 이게 웬일인가 그 전날 예배당 내부에 페인트칠을 해서 온 예배당은 페인트 냄새로 진동했다. 지금은 페인트가 수성이라 냄새가 별로 나지 않지만 그 당시에는 주로 유성페인트였으므로 냄새가 지독하고 오래 갔다. 내 몸의 술 냄새는 페인트 냄새에 묻혀 아무도 알지 못했다. 와~ 여호와 이레가 이런 때도 적용이 되나? 아무튼 그런 기도생활로 인해 나중에 장로 장립을 앞두고 한 달간 새벽기도를 하시던 장로님은 나만 보면 몇 십 미터 앞에서부터 뛰어와 악수를 하셨다. 교회가 분란으로 인해 어수선할 때 꿈을 꿨다는 사람도 있고 환상을 봤다는 사람들도 있어서인지 몇몇 분들은 나를 찾아와서 "김 선생님, 혹시 김선생님은 꿈을 꾸거나 환상을 보신 적이 없나요? 누가 뭐래도 현재 우리 교회에서 가장 기도 많이 하시는 분은 김 선생님이잖아요" 하는 바람에 내가 진짜 꿈이라도 꿨다면 다들 믿을 분위기여서, "저는 꿈을 꾼 적도 없고 환상을 본 일도 없다"고 말해 주었다.

이렇게 기도생활을 하던 중 신앙서적을 읽기 시작했는데 기도에 관한 책을 읽다가 이상한 것을 발견했다. 기도에 대해 배운 적도 없고 성경을 통해 기도를 배운 것도 아닌데 초 신자인 내가 기도한 내용들이 너무나 성경적이고 하나님의 뜻에 합당한 기도들이었다.

아무리 생각해도 이해가 되지 않았는데 로마서 8장 26절 말씀 "이와 같이 성령도 우리의 연약함을 도우시나니 우리는 마땅히 기도할 바를 알지 못하나 오직 성령이 말할 수 없는 탄식으로 우리를 위하여 친히 간구하시느니라" 와 같이 초 신자인 내가 남들보다 기도 못하는 게 자존심 상해 시작한 기도였지만 신실하신 하나님께서 나를 살펴주시고 기도할 수 있도록 성령님을 보내시고 그 성령님은 내 기도의 인도자가 되어 주셨다. 우리가 대중 앞에서 공 기도를 할 때에 기도에 욕심 낼 때가 있다. 이를테면 기도를 멋지게 하고 싶다거나 기도로 사람을 감동시키고 싶기도 하고 기도를 통해 가르치려 하는 때도 있다.

이런 욕심을 피하기 위해 공 기도를 준비할 때마다 나는 기도를 위한 기도를 한다. 하나님, 욕심으로 기도하지 않게 하시고 제가 이 시간 이 곳의 대표기도를 맡았사오니 이 시간 이곳에서 구해야 할 것을 구할 수 있도록 성령께서 인도하여 주시기를 기도한다. 대개 찬송을 부른 뒤에 대표기도 순서가 있으므로 나는 찬송가 2절을 부를 때에는 다시 한 번 이 기도를 드리며 성령의 인도하심을 바란다.

글을 쓰면서 생각해보니 나의 기도생활은 지금보다 그 시절에 더 열심히 기도했던 것 같아 지금의 내 모습이 부끄러워진다. 다시 하나님과의 그 첫 사랑을 회복하고 기도를 통해 주님을 깊이 만나고 싶다.

3

억지 감사

찬송은 곡조 붙은 기도라고 했듯이 찬송이나 복음송을 부르다 보면 그 가사가 참 은혜가 된다.

그리고 참 부담스러울 때도 있다. "예수님처럼 바울처럼 그렇게 살 순 없을까" 이 찬양을 부르며 생각해 보았다. 물론 가사내용은 그렇게 살지 못하는 아쉬움이 담긴 가사이지만, 만일에 하나님께서 그 기도에 응답하셔서 "알았다 너도 그렇게 살게 해 주마" 하신다면 과연 몇 사람이나 아멘 할렐루야 할 수 있을까?

나는 그냥 "하나님 그때 제가 분위기에 휩쓸려 그랬습니다. 그냥 전처럼 살게 해 주세요. 죄송합니다." 하지 않을까 생각해 본다.

우리는 정말 예수님과 바울을 닮은 삶을 살고 싶어 할까? 올림픽에서 금메달을 딴 어느 마라톤 선수가 연습을 할 때에 얼마나 힘이 들던지 달리는 차를 향해 뛰어들고 싶었다는 이야기를 들었다. 어느 수영 선수는 연습할 때 한 바퀴만 더 돌라는 코치의 말에 그 코치가 정말 자기를 미워하는 것 같이 느껴졌다고 한다. 우리는 금메달을 딴 선수를 보면서 메달과 영광만 보지 그들이 메달을 따기 위해 얼마나 피나는 노력을 했는지는 생각하지 않는다. 물론 금메달을 따기 위해서는 타고난 재능도 있어야겠지만 아무리 재능이 있어도 그에게 노력이 없었다면 영광의 금메달도 없었을 것이다.

우리가 닮고 싶은 예수님의 모습은 영광의 모습만이 아니다. 그가 지셨던 고난의 십자가도 져야만 한다. 그리고 그분이 가셨던 좁은 길, 여우도 굴이 있고 공중 나는 새도 집이 있지만 인자는 머리 둘 곳이 없다고 하셨던 예수님의 삶의 모습, 그런 경우에도 불평 없이 살아갈 수 있을까?

사도바울 그는 우리가 이 땅에 살면서 그토록 얻기를 원하며 사는 것들을 배설물과 같이 여긴다고 했다. 그런데 우리는 그가 버린 그것을 얻기 위해 매일 노력하고 힘쓰며 기도하고 있지 않은가? 나는 예수를 처음 믿던 해 정말 많은 어려움이 겪었다. 어머니의 암, 형이 아프고 막내 동생이 저수지에서 수영하다 익사하고, 내가 다니는 직장은 너무 어려워서 월급 한 번 제대로 못 받고 오죽하면 한 친구가 "야 너희 집 도대체 왜 그러냐" 할 만큼 힘든 고난의 연속이었다. 그러나 그 고난으로 인해 나는 믿음을 가졌고 예수님을 깊이 만날 수 있었다. 지나고 보니 그 고난은 다시는 겪고 싶지 않을 만큼 힘들었지만 그 고난은 나에게 유익이었다. "환란은 인내를 인내는 연단을 연단은 소망을 이루는 줄 앎이라는" 로마서의 말씀처럼, 그래도 나는 하나님께 이런 기도를 한 적이 있다." 하나님 저는 더 성숙해 지지 않아도 좋으니 앞으로 그런 고난은 없었으면 좋겠습니다." 어차피 내가 대단한 사람도 아니고 큰일을 할 만큼 유능한 사람도 못되고, 사회에 영향력이 있는 사람도 아닌데 그저 인생을 살면서 큰 고난 없이 평범하게 살 수 있게 해달라는 그런 기도를 했다. 어차피 천국은 좋은 곳 일텐데 예수님을 구주로 믿고 있고, 그래도 보통사람들 보다는 조금 열심히 교회도 섬기고 있으니 그냥 평범한 가운데 살게 해달라는 그런 기도였다. 어쩌면 이런 생각을 나만 하는 게 아니라 오늘날의 대부분의 크리스천들의 솔직한 바램인지 모른다. 큰 경제적 어려움 없고 가족들 건강하며 세상에서 누릴 수 있는 즐거움도 적당이 누리다가 천국에 가는 것, 거기서 남들보다 상급이 좀 적다할지라도… 예수님의 인격과 바울의 어떤 특정한 부분 그 열정과 학문 등은 닮고 싶지만 전체적으로 그 분들처럼 살라고 한다면 나는 솔직히 자신 없다. 어쩌면 남들보다 조금 더 하나님 사랑했던 베드로가 멀찍이 예수님 따랐던 것처럼 적당한 거리를 두고 세상에서 누릴 수 있는 행복도 다 누리고 살고 싶은 것이 부끄럽지만 나의 솔직한 마음인 것 같다.

그런가 하면 하박국 3장 17~19절 말씀인 "무화과나무 잎이 마르고 포도나무에 열매가 없으며 감람나무열매 그치고 외양간 송아지 없으며… "

이 찬양을 아주 즐겁게 웃으며 찬양하는 사람들을 보면 저 사람 정말 저 가사가 무엇을 의미하는지 알고 찬양하는 걸까 생각해본다. 이 성경을 현재를 사는 우리에게 맞게 의역을 해본다면 이렇게 번역해도 되지 않을까 한다. "직장은 명퇴 당하고 통장은 바닥나고 카드 펑크나고 …" 2009년 추수감사절 날 김동호 목사님 설교 내용은 이 본문이 주 내용이었다.

나는 이 설교를 사무실에서 혼자 일을 하면서 인터넷으로 들었다.

그때 목사님은 사모님이 미국에 계신데 빨리 오라고 하면 오겠지만 혹시 사모님이 먼저 돌아가셨을 경우를 생각해서 혼자 사는 연습을 위해 처음으로 한 달 정도 사모님과 오랫동안 떨어져서 지내고 계시며 "무화과나무 잎이 마르고 포도나무에 열매가 없으며 감람나무열매 그치고 외양간 송아지 없으며…" 이런 상황이 본인의 삶에 일어나지 않기를 원하시지만 그런 상황이 온다 해도 감사하고 싶으시다는 내용의 말씀을 전하셨다.

설교를 들으면서 생각해 보니 목사님이 당하고 싶지 않으시다는 그 상황이 이미 나에게는 다 일어나 있는 일들 이었다.

그토록 사랑하던 아내는 4년 전 먼저 하늘나라에 갔고 경제적으로도 힘들고 이제 내년이면 대학생이 2명이 되는데 내가 과연 이 아이들을 잘 뒷바라지 해줄 수 있을까 염려하던 때였기 때문이다.

그 주간 금요일 아버지학교 스태프 2명과 함께 영락교회 심야 기도회에 참석했다. 한참 기도하는데 김동호 목사님 말씀이 생각났다. 내가 이 상황에서 진심으로 하나님께 감사할 수 있을까? 나 스스로에게 질문을 던졌다. 어쩌면 지금까지의 감사가 가짜 감사는 아니었을까? 마치 깡패에게 잡혀간 사람이 더 맞을까봐 반항을 못하듯이 하나님께

반항해 봤자 나만 더 손해나니까 그렇게 감사한걸 아닐까? 그런 생각
을 하던 중 어쩌면 지금이 내 인생의 최악의 상황이고 이런 상황에서
의 감사는 지금이 아니면 못 할 거란 생각이 들었다. 그리고 진심으로
감사하는 마음으로 기도를 드렸다. 옆에 친구들 모르게 혼자서 눈물
을 흘리며 드린 힘든 감사였다.

4

예수님을 파는 사람들

우리 성도들에게 세상에서 가장 불행하고 나쁜 사람을 꼽으라면 예수님을 판 가룟 유다를 꼽을 것이다. 우리가 아무리 죄 가운데 살고 있지만 그래도 최소한 예수님을 파는 그런 죄는 짓지 않고 살고 있다고 생각 할 것이다. 그럼 정말 우리는 그렇게 살고 있을까?.

내가 교회에 처음 출석 한 것은 1981년 1월 4일 첫 주일이었다.

그리고 그 해 부활주일 학습문답을 했고 추수감사주일 세례를 받았다. 학습문답을 할 때는 믿음이 없었는데 통과절차로 생각하고 그냥 아멘 하고 넘어갔고, 세례 받을 때에도 믿음이 생기지 않으면 세례를 받지 않으리라 생각했는데 그 해 9~10월경 나는 구원의 확신을 가졌다. 그래서 세례 받을 때에는 믿음으로 아멘 할 수 있었다.

그러던 중 83년도 4월에 개인 사업을 시작하면서 초 신자인지라 겁

없이 상호를 바울기획으로 지어 간판을 걸었다.

간판이 바울기획이다 보니 의도했던 바는 아니었는데 예수 믿는 분들이 많이 찾아왔다. 그리고 개척교회를 하시는 목사님들도 상호를 보고 찾아오시는 분들이 계셨다.

그때는 초 신자 때라 그냥 누가 예수님 얘기만 하면 마냥 좋았고 하나님 믿는 사람이라면 무조건 잘해 주고 싶었다.

그런 가운데 두 부류의 크리스천을 발견했다. 한 부류는 처음부터 자기도 크리스천이며 어느 교회에 직분은 무엇이다 하며 예수의 이름을 들먹이는 사람들이었다. 나중에 보니 이런 사람들은 대부분 뒤끝이 좋지 못했다. 적당히 거래를 하다가 손해를 끼치고 떠났다. 심지어 어떤 사람은 교사강습회를 같이 참석하기도 했는데 외상을 하고 그대로 사라졌고 전화를 해도 연결이 되지 않았다. 초 신자였던 나에게는 큰 실망이었다.

반면에 거래를 하다 보니 그분이 그리스도인이라는 걸 알게 된 사람들이었다. 그 사람들은 대부분 끝까지 신용이 있었고 신뢰를 주는 사람들이었다.

그럼 전자의 사람들은 왜 그런 행동을 했을까 생각해 보았다. 내가 내린 결론은 자신이 신용이 없으니까 예수님의 이름을 판 것으로 밖에는 해석 할 수가 없었다.

가룟 유다는 그래도 은 30냥이라도 받고 예수님을 팔았는데 오늘날에 예수님은 그보다 더 쉽게 그리고 더 값싸게 팔리고 있는 것은 아닐까 생각한다. 예수님의 이름을 빙자해 자신의 욕망과 꿈을 성취하고

자 하는 목회자가 있다면, 선교를 한다고 선교지에서 선교비만 받으며 적당히 사는 선교사가 있다면, 교회에 직분을 무슨 권력이나 명예나 벼슬로 삼고 있는 직분 자가 있다면, 크리스천임을 내세우며 예수의 이름으로 자신을 포장하고 있다면 우리는 나도 모르는 사이 가룟 유다보다 더 교묘하게, 그리고 더 헐값에 예수님을 팔고 있는 건 아닌지 뒤돌아보자.

5

작은 빛과 소금

예수님을 믿으며 성경을 읽으며 느낀것중 하나는 하나님은 처음 것을 소중하게 여기시는것 같았다. 첫 시간, 첫 열매, 첫 자식등. 그래서 그래서 신앙생활을 하고 맞이하는 81년 연말을 맞으며 내가 예수님을 믿고 맞이하는 첫 새해, 첫시간을 교회에서 기도하며 맞이하기로 마음먹었다. 그때 내가 출석하는 교회는 송구영신예배대신 신년예배로 1월 1일날 오전에 예배를 드렸던것으로 기억한다. 그래서 새해의 첫시간을 교회에서 기도하며 하나님께 드리기로 마음 먹었는데 12월 31일날 친구 두 명과 함께 연말을 보내게 되었다. 두친구는 여자 친구가 있어서 다섯 명이서 친구집인지 친척집인지 잘모르겠는데 아무튼 같이 모였다. 밤에 남자 셋이서 고스톱을 치기 시작했는데 내가 계속 따기 시작했다. 나는 본래 고스톱을 잘치지 못하므로 쳤다 하면 내 돈은 먼저 보는 사람이 임자인지라 고스톱 끝날때쯤에 내가 자주하는 말은 "야, 남의돈 가지고 잘 놀았으면 끝날 땐 돌려줘야지 그냥가면 어떡하냐"하고 농담을 하곤 했는데 아무튼 웬일인지 그 날은 정말 잘됐다. 시간을 보니 11시 30분이 넘었다. 친구들에게 "야 나 잠깐만 나갔다 올게 했더니" "야 임마 돈따고 어딜 도망가냐." 해서 "알았다 돈은 다 놓고 나가고 새해 첫 시간을 교회에서 보내고 싶어서 그런다"하고 집에서 나와 교회를 찾기 시작했다 처음와본 동네이고 밤이다 보니 지리를 잘몰라 큰길쪽으로 가며 불켜진 교회를 찾고 있는데 불켜진 교회가 보이질 않았다 큰길까지 뛰어 나와보니 환하게 불이 켜진 교회가 보였다. 뛰어 들어가 보니 교회에는 사람들로 꽉 차 있는게 아닌가. 그때는 몰랐는데 송구영신예배를 드리는 중이었다. 그래서 나도 그 예배에 참석하다보니 잠깐 기도하고 가려했는데 한시간이 넘게 걸렸다.

그 이후 두 친구는 각각 그때의 여자친구들과 결혼했다. 한 친구가 결혼한지 얼마 안된 신혼 때였다. 친구들끼리 모여 놀다가 밤 10시쯤 그 친구에게 전화해서 나오라고 했다. 그 친구는 나오지 않으려 했고 그 아내는 더더욱 내보내지 않을려고 했을 것이다. 남자들끼리 그 시간에 모여서 할 일은 뻔하다. 술 마시는건 기본일 것이고 그 이후 어떻게 될지 모르니 신혼의 아내로서는 당연히 못나가게 했을 것이다. 그 친구는 한동안 나오지 않으려고 버티다가 남자의 체면 때문에 할 수 없이 나왔다. 나와서 하는 말이 "이것들이 다 총각이니 뭘 아나 야 인마 이 시간에 신혼집에 전화해서 사람불러내는 놈들이 어딨냐며 야

마누라가 못나가게 하다가 지금 전화하는 친구들이 도대체 누구냐고 물어서 니들 이름을 얘기 했더니 용태 네 이름이 나오니까 갔다 오라고 해서 나왔다."고 했다. 나는 그 아내를 개인적으로 잘 알지는 못한다. 그냥 인사하는 정도였는데 고스톱 치다가 새해 첫 시간을 하나님과 보내기 위해 뛰어 나갔던 내 모습을 기억하고 남편을 내보낸 것 같았다.

최소한 새해의 첫 시간을 하나님과 보내기 위해 교회에 간 사람이라면 남편을 내보내도 안심 할 수 있을것으로 생각했던것 같다.

몇 년 전에 동창회 일로 동창생 몇 명이 우리 사무실에 모인 적이 있었다. 동문체육대회 준비를 위해 모였는데 이 친구들이 준비는 대충하고 저녁을 먹은 후 노래방에 가자고 했다.

사무실 근처 노래방에 갔는데 손님이 많아서 우리가 원하는 큰 방이 없었다 그래서 우선 작은 방을 쓰다가 큰 방이 나오면 옮겨 주기로 했다. 노래방에 들어가자마자 도우미를 불렀다 40대 초 쯤 되어 보이는 도우미 2명이 들어왔다. 곧 이어 질펀한 대화들이 오고 갔고, 한 친구가 나를 가르키며 "얘는 목사야 "라고 얘기를 하자, "목사면 어떻고 장로면 어때 여기오면 다들 똑같이 놀고 가는데."하면서 오히려 나를 그 분위기 속으로 끌어 들이려 했다. 나로서는 견디기 힘든 분위기가 계속되었다. 오래전에 노래방에 와보긴 했지만 이제 노래방도 옛날처럼 서로 손뼉치며 노래부르던 그런 노래방이 아니었다.

그 날 만난 동창생들은 개인적으로 몇년간 거의 만나지 않았던 친구가 대부분이므로 서로의 상황을 잘 모르는 상태였다. 그 중에는 가끔 만나는 친구도 있었다.

어쨌든 우리 사무실을 방문한 친구들인데 나 혼자 빠져 나가기도 곤란한 상황인지라 정말로 곤혹스러웠다.

그러던 중 한시간 정도가 지났을때 큰 방이 나왔으니 방을 옮기라고 말했다. 그때 나를 비교적 자주 만났던 친구가 "얘들아 오늘은 그만놀고 돌아가자."하고 말했다. 왜 그러냐며 더 놀자는 친구도 있었지만 그날은 그 곳에서 더 놀지 않고 나오게 되었다.

노래방을 나와 전철을 타기위해 전철역으로 같이 걸어가던 중 오늘은 그만놀고 나오자고 했던 그 친구가 내게 말했다."야 용태야 만일에 우리가 넓은 방으로 가게되면 그때부터가 진짜다 작은방에서 네가 본 것은 전초전인데 네 얼굴을 보니까 도저히 못 놀겠더라. 그래서 나오자고 했다." "그랬구나 고맙다 친구야 나도 노래방을 안가본것은 아닌데 말만 들었지 요즘 노래방 분위기가 저런줄은 몰랐다." 친구와 방향이 달라 서로 다른 지하철을 타고 집에 오는데 내마음속에 알 수없은 기쁨이 넘쳤다.

나는 유명한 사람도 아니고 그저 평범하게 살아가지만, 나로 인해 내가 있는 내 주변만이라도 썩지않고 어둡지 않도록 비추는 작은 빛과 소금의 역할을 했다는것이 나를 기쁘게 했다. 어차피 평범하게 사는 우리대부분의 사람들은 사회에 큰 영향력을 미치며 살지는 못할 것이다. 그러나 우리가 내가 있는 내 주변이라도 밝게 비추는 빛이 되고, 내 주변만이라도 썩지 않게 하는 소금에 역할을 한다면 그것이 예수님께서 바라시는 것이라 생각한다.

 그리고 나를 배려해서 더 놀 수도 있었는데 빨리 나가자고 해준 그 친구가 고마웠다.

 앞으로도 내가 있는 내 주변 만이라도 어둡지 않도록 비추고 썩지 않도록 하는 세상의 작은 빛과 소금이 되고싶다.

6
좋은교회 좋은성도

인생의 방황은 예수님을 만나면 끝이나고 신앙의 방황은 좋은교회를 만나면 끝이 난다고 한다.

아버지학교에서는 스태프로 섬길때 자신을 소개하는 순서가 있다. 대개 "저는 ○○부 ○○기를 수료한 ○○○형제 입니다. 섬기는 교회는 ○○교회이고, 가족으로는 사랑하는 아내 ○○○과 자녀 ○○, ○○과 함께 행복하게 살고 있습니다" 하는 형식이다. 내가 아버지학교를 수료하고 처음 섬기기 시작할 때는 지역의 작은 교회를 섬기고 있었다. 교회 근처에서 20년 넘게 살았지만 사실 동네 사람들과는 친분이 있는 분들이 거의 없었다. 그래서 우리동네에서는 우리교회를 어떻게 평가하는지 나로서는 잘 알 수가 없었다.

그 동네에 살다가 교회를 출석하는 분들을 통하여 우리교회에 대한 평을 조금 들을 수 있었는데 한마디로 좋은 평을 듣지 못했다. 내가 그교회에 출석한지 얼마 되지않아 교회에 큰 분란이 있었는데 동네 사람들은 다른것보다 그 사건을 기억해서 그런지 동네 사람들의 평은 좋지 않은듯 했다.

그래서 그런지 섬기는 교회를 소개할때 괜히 자신이 없고 또 대형교회나 유명한 교회 출석하는 형제들의에 목소리에는 어쩐지 섬기는 교회를 소개할때 할 때 목소리에 힘이 들어있고 당당하게 느껴졌다.

그런 느낌을 받으면서 내 마음에 이런 의문이 생기기 시작했다.

좋은교회 출석하는 성도가 좋은 성도일까? 좋은교회가 좋은성도를 만들어 낼까? 일류대를 다니는 사람은 학교이름을 말할때 자랑스러워할 수 있다. 그것은 그만한 실력이 있어서 그대학에 들어갔으니 그만한 실력이 있다는 얘기다. 그러나 교회는 다르다. 내가 엉터리로 신앙생활해도 좋은교회 유명한교회 출석하는데 아무도 제재하지 않는다.

한국교회는 지금 성도들이 잘못해도 거의 치리를 하지 않는다. 물론 중직자들은 다를수도 있겠지만, 대부분 치리하는걸 보면 목사님과 대립할때 뿐인것 같다. 성경에도 분명 칭찬받는 교회와 책망받는 교회가 있다. 하지만 신앙은 철저히 하나님과 나 일대 일의 관계이다. 내가 세상으로부터 칭찬받는 교회에 출석한다고 내가 저절로 좋은 성도가 되는 것도 아니고 욕먹는 교회에 출석한다고 내가 곧 나쁜 성도는 아니라고 생각한다.

지금 내가 출석하는 교회는 높은뜻 푸른교회이다 실제로 높은뜻 숭의교회로 출석하고나서 아버지학교 형제로부터 "참 좋은교회 섬기시네요." 라는 말을 들었을때 얼마나 가슴이 뿌듯했는지 모른다.

그러면 내 개인신앙은 예전교회 섬길때 보다 더 좋아졌을까? 나는 더 좋은 성도가 되어 있을까? 생각해보니 결론은 나 같은 경우에는 별 영향이 없었다.

높은뜻교회에 와서 우리교회가 하는일들이 자랑스러웠고 우리 목사님 하시는 목회 방향도 좋았다. 하지만 그런 것들이 내 개인신앙의 성장에는 큰 도움이 되지 못한것 같다.

물론 그로인해 내 마음이 더 편안해졌고 예배를마치고 집으로 돌아갈때마다 얼마나 마음속에 기쁨이 넘쳤는지 모른다. 그래서 참 행복했고 이것이 좋은교회를 통해 누리는 하나님의 선물 이라고 생각했다. 우리가 헌금한 물질이 하나님이 기뻐 하시는곳에 쓰인다면 성도로서도 기쁜일이지만 그것과 관계없이 우리는 성실하게 섬김의 자리에 있어야 한다.

가끔 교회에 헌금이 잘못 쓰여진다고 헌금을 안 하거나 적게 하는 사람을 본 경우가 있다. 참 어리석은 생각이 아닐까? 내가 하나님게 드린 헌신과 물질이 하나님의 영광을 위해서 쓰여진다면 그보다 더 좋은 일이 없겠지만 그것과 관계없이 하나님이 원하는대로 쓰여 지지 않는다 해도 나는 성도로서의 의무를 다하고 결과는 하나님께 맡겨야 된다고 생각한다. 우리는 성도로서의 의무를 다 하고 결과는 겸허히 하나님께 맡기는 것이 성도의 도리라고 생각한다.

또한 이전 교회에서와 지금의 내 신앙상태를 비교해 본다면 오히려 예전교회 출석할때는 작은교회이다보니 교회를 더 사랑했고 더 간절히 기도했다. 예전교회를 떠난지가 5년째 이지만 지금도 교회를 위해 기도할 때마다 현재 출석하는 높은뜻푸른교회보다 예전교회를 위해 기도 할때에 더 간절한 마음이 든다. 헌금을 할 때에도 교회 예산내역을 훤히 알고 있고 성도님들 성향을 대충 알고 있다보니 특별이 계산하지 않아도 내몫이 대충 나왔다 그러다보니 그 몫을 다하기 위해 열심히 노력했다.

나를 비롯해 요즘의 성도들이 전적으로 하나님을 의지하며 하나님만 바라보는 신앙에서, 그냥 폼나는 교회 출석하며 폼나는 일에만 헌신하고 내 맘에 드는 일에만 헌금하는것은 잘못된 신앙의 길로 가는 것이라 생각한다. 지금내가 출석하는교회가 좋은교회 인지 아닌지를 판단하기전에 내가 하나님과 어떤 관계를 맺고 있는지를 먼저 살펴봐야겠다.

7

좋은교회 찾기

처음 교회 출석할때 우리는 누가 직접 전도를해서 교회에 나간게 아니고 어머니의 병으로인해 교회에 다니기로 했기 때문에 기독교 신앙과 교회에 대해 전혀 모르는 상태였으므로 집에서 가장 가까운 교회에 가려고 했다.

그런데 그 때 열심히 믿음생활을 하던 사돈이 우리가 교회에 출석할 계획이라고 하니까 너무 좋아하면서 우리집 근처 교회를 몇군데 탐방을 한 모양이었다. 본인이 장로교 교단에 다녔으므로 장로교 중에서 너무 크지 않고 개척교회도 아닌 집에서 가깝고 보수적인 교회를 추천해 주었다.

예전에 내가 술한잔 하자고 술집에 데려갔는데 끝까지 술을 입에대지 않고 거부했던 그였기에 그가 추천해준 교회에 출석하게 되었다.

내 성격상 무슨 일을 하고자 하면 열심히 하고 안하면 안하는 성격인지라 처음 교회를 다닐 때부터 믿음이 없으면서도 최선을 다해 출석을 했다.

약 250여명 출석하는 교회였고 내가 출석하던 그해에 성전봉헌 예배를 드렸다. 그렇게 교회생활을 시작해 그 해 가을 예수님을 인격적으로 만나 구원의 확신을 가졌고 본격적으로 신앙생활을 하게되었고 그해 연말 신앙서적 한권을 읽게 되었다.

생명의 말씀사에서 출판한 '참된 그리도인이 되려면'이라는 작은 책 자인되 나같은 초보 신앙인에게 너무나 좋은 책이었다. 책 내용중에는 올바른 교회 선택기준에 대한 내용이 있는데 그 기준에 비추어 볼 때 그 당시 내가 출석하는 교회는 기준미달이라는 생각이 들었다.

물론 사회적으로나 교회적으로 문제가 있는 교회는 아니어서 오히려 그런 이유로 내가 교회를 옮긴다면 이상하게 생각할 때였다. 주일학교 교사로 봉사도 시작한 때였다. 그래서 나는 생각해 보았다. 조용히 교회를 옮길 것인지 아니면 남아있을 것인지를 그리고 생각해본뒤 남아있기로 마음먹고 우리교회가 좋은교회가 되도록 기도하며 섬기기로 마음 먹었다.

참고로 그 당시 우리교회는 선교비나 구제비가 전혀 없었다. 구제비는 교회에 구걸하려 온 사람들 몇푼 준 것이 전부였다.

성도들은 그저 교회에 헌금하면 위에 분들이 알아서 좋은데 쓰시겠지 하고 별 관심이 없고 별로 자세히 알려고도 하지 않는 것 같았다. 또 그 당시 대부분 교회분위기가 목사님께 따지는 것은 은혜가 되지 않고 심지어 그랬다가는 무슨 벌이라도 받지 않을까하는 그런 분위기였던 것 같다. 그래서 성도들도 교회 재정에대해 재직회때나 공동의회때 조금더 꼼꼼히 살피고 감시하는것은 성도의 중요한 의무중 하나라고 생각한다.

몇년 후 교회를 옮기기로 마음먹고 목숨걸고 출석하던 토요일 청년회 집회도 나가지 않은채 주변교회를 탐방하기 시작했다. 저녁예배와 토요일 청년예배, 새벽기도회 때 이곳 저곳을 다니면서 매우 중요한 사실을 깨달았다. 좋은교회를 찾아 출석하기위해 비판적인 시각으로 봐서 그런지 몰라도 이땅에 그 어떤교회도 완벽한 교회는 없다는 사실이었다.

정도에 차이는 있지만 교회마다 단점도 있고 장점도 있다는 생각에 교회를 옮길 생각을 접고 현재교회에 정착하고 좋은교회가 되도록 기도하며 노력하기로 했다.

아무튼 내가 출석하는 교회는 예전에 좋지 않은 한 사건으로 인해 동네에서도 칭찬보다는 비난을 더 많이 듣는 그런 교회였고 심지어 이사와서 등록하고 교회 잘 출석하던 성도가 어느날 발길을 끊어 찾아가 보면 옛날 사건을 말하는 그런 경우도 있었다.

아버지학교를 섬기다 보니 여러 형제들을 만나게 되었다. 아버지학교에서는 자신을 소개할 때 자신이 섬기는 교회와 가족을 소개하는데, 그때 그런 느낌을 받았다. 이름있는 교회 대형교회 출석하는 형제들은 어딘지 모르게 당당해 보였다. 나 역시 높은뜻숭의교회로 교회를 옮기고 나서는 내가 섬기는 교회를 소개할때에 나도 모르게 뿌듯한 마음이 들었다. '그렇지, 이제 내가 세상에서도 칭찬받는 높은뜻숭의 교회를 섬기지' 하는 마음이었다.

그렇다면 좋은교회 출석하면 저절로 좋은 성도가 될까? 좋은교회, 칭찬받는 교회 출석하면 내 신앙은 저절로 더 좋아지는걸까? 아니다. 좋은교회 출석하는 것을 마치 좋은대학 다니는 것처럼 착각해서는 안 된다. 개척교회나 때로는 세상사람들이 가기 꺼려하는 교회 출석하는 성도 중에도 얼마든지 좋은성도가 있다고 생각한다. 예전에는 내가 만약에 교회를 옮긴다면 일꾼이 더 필요한 개척교회에 가서 열심히 섬기겠다고 생각했는데 그렇지 못하고 대형교회를 선택했다.

그러면 옛날교회 출석할 때와 지금교회를 출석하면서 내 신앙에는 어떤 변화가 있었을까? 교회로 인한 신앙에 성장이나 변화는 내 스스로 잘 느끼지 못한다.

옛날에는 교회에 무슨일이 있을 때마다 성도로서 책임감을 느꼈다. 예를들면 추수감사헌금 예산을 보면 내 몫이 얼마인지가 훤히 보였다. 그래서 내 몫을 다하기 위해 더 노력했다. 그러나 지금은 그런 생각이 별로 들질 않는다. 김동호 목사님 말씀처럼 나도 주인이 아니라 아직도 단골손님 인지도 모른다.

2006년 말 교회를 옮길때 였다 아내가 암으로 투병할때에 성도들로부터 많은 사랑의 빚도 졌지만 너무나 큰 상처도 있었기에 이곳에서 갈등하는 것 보다는 교회를 옮기는 것이 좋을 수 있다는 생각에 그 문제를 놓고 기도하기 시작했다.

나는 이 교회에서 신앙생활을 시작해서 예수님을 만났고 26년 간

내 모든 삶에 중심 이었다. 교회 때문에 멀리 이사도 못했던 그런 교회였기에 내 감정만으로 교회를 옮길 수는 없었다. 그래서 이 문제를 놓고 기도하기 시작했다.

그리고 최종적으로 떠나기로 결심했다. 예전교회는 11월 넷째주에 교사임명을 하기 때문에 떠나려면 그전에 떠나야 주일학교에 지장이 없을것 같았다. 이제 담임목사님을 만나 사정을 얘기해야 하는데 마음 약한 목사님께 어떻게 말씀드려야 하나를 고민하던중 목사님으로부터 먼저 연락이 왔다. 할 얘기가 있다고, 그래서 11월 첫주중 새벽기도를 마치고 담임목사님을 개인적으로 만나게 되었다.

주보 디자인과 인쇄 때문이었다. 그래서 그 일에 대한 이야기를 마치고 어렵게 말을 꺼냈다. "목사님 정말 죄송합니다 아무래도 저는 교회를 옮겨야 될 것 같습니다." 하고 말씀드렸더니 담임목사님께서는 "눈치는 채고 있었습니다. 역시 그일을 극복하지 못하셨군요.

저는 그 일도 집사님께서 극복해 주셨으면 했는데" 하시며 "내년에는 장로도 세워야 하는데" 하셨다. 그 당시 나는 그 교회에서 유력한 장로 후보중 한명이었다. 하지만 "목사님 저는 장로의 직분이 개인에게도 중요하다고 생각합니다. 하지만 지금 저에게는 장로 직분보다 더 중요한 게 있습니다. 여기서 계속 갈등하면서 힘들어 하는것 보다 차라리 교회를 옮겨서 그곳에서 다시 시작해 보겠습니다." 하고 말씀드렸다.

그래서 너무나 힘들게 여겼던 문제가 의외로 쉽게 풀렸다. 그리고 희한하게도 교회에 얼기설기 엮여있던 교회 직분도 잘 정리가 돼서

가벼운 마음으로 교회를 떠날 수 있었다. 정말 내가 교회를 이렇게 가벼운 마음으로 떠나게 될 줄 몰랐다.

그러나 너무 떠나는데만 집착을 하다보니 어느교회로 가야 할지를 정하지 못했다. 가장 가고싶은 교회는 이동원목사님이 시무하시는 지구촌교회였다. 한번도 목사님을 직접 뵙지는 못했지만 그 분의 설교를 듣고 그 분의 책을 읽으며 가장 균형이 잘 잡힌 목사님이란 생각 때문이었다. 하지만 분당 수지까지는 출석할 엄두가 나질 않았다.

본래 25년간 신앙생활 하면서 주일저녁예배도 거의 빠진 적이 없고 수요예배도 특별한 일이 없는한 참석해 온 나에게 그 곳은 너무나 멀었다. 그래서 차선으로 높은뜻숭의교회로 가기로 마음 먹었다. 평소에 김동호 목사님의 설교나 목회방향이 좋았고 사무실에서 걸어갈수 있을 정도로 가깝고 그동안 인터넷을 통해 주일설교를 몇 년째 계속 들어왔고 목사님이 쓰신책도 거의다 읽었을만큼 좋아하는 분이였기 때문이었다.

그전에 딱 한번 높은뜻숭의교회에서 1부예배를 드린 적이 있었다. 그때에도 내가 이 교회로 출석하고 싶은 바램은 있었지만 내가 정말로 출석하게 될 줄은 꿈에도 몰랐다. 2006년 추수감사예배를 끝으로 그달 넷째주일부터 높은뜻 숭의교회로 옮기면서 아이들에게는 아빠가 지금은 너희들에게 말할 수 없는 사정이 있어서 교회를 옮기기로 했다 담임목사님게는 인사를 드렸다는 것과 너희들에게는 같이 가자고 강요하지는 않을테니 자유롭게 결정 하라고 했다. 그래서 아이들은 전 교회를 계속 출석하다 2008년 높은뜻 숭의교회로 출석했고 아

들 녀석은 예배에 몇 번 지각하더니 본래 교회로 돌아갔다

높은뜻 숭의교회에 와서도 교사를 하고 싶었다. 그래서 출석한 첫 주부터 새신자 교육을 받았다. 4주 교육이 끝날 때 교사모집 광고가 있어서 이메일로 신청을 했다. 본래 나는 25년 교사생활 중 21년을 유·초등부에서 보냈고 중·고등부 경력은 4년밖에 되질 않는다.

이제 내 나이도 있고 우리 아이들이 둘 다 고등학생 이므로 고등부 교사를 지원했다. 그런데 그때 차세대 교육부를 담당하셨던 전도사님이 전화 통화 중 그런 얘기를 했다. "죄송하지만 제가 집사님이 누군지 아나요?" 듣고보니 충분히 의심받을만 했다. 중년의 남자가 가족도 없이 혼자와서 새신자교육 받자마자 교사를 하겠다고 하니 의심받을 만도 했다.

그때에도 신천지가 한참 기승을 부릴 때니 고등부 교사를 맡기기에는 의심할만도 했다. 당시 아버지학교를 같이 섬기던 형제들을 통해 내 신분을 확인시켜 줄 수도 있었지만 그렇게 까지는 하지 않았다 그래서 새로 신설된 초등학교 통합부서 교사로 임명이 됐다.

그래도 나의 바람대로 새로운 교회에와서 쉬지 않고 바로 교사를 하는 행운을 누렸다 그런데 새로 생긴 부서이고 아침9시 예배이므로 기존에 교사들 중 지원자가 거의 없어서 대부분이 새로운 교사로 채웠졌다. 전도사님도 새로온 분이고 남자선생님 한분만이 유일하게 높은뜻숭의교회 유치부교사 경험이 있었다. 부장선생님은 권사님 한분이 임명 되셨고 십여명의 교사로 출발했다. 나는 첫 해부터 새 교회에서 총무를 맡게됐다. 우리 부서의 이름은 하이키즈였다. 하이키즈 교

사를 하면서 그런 생각을 했다. 풍부한 예산, 열심있고 능력있는 교사들 마치 가난한 집에서 살던 사람이 부잣집에 시집오면 이런 기분이 아닐까 싶었다.

만약에 이전교회에서 이런 교사진과 물질을 가지고 일했다면 얼마나 많은 일을 할수 있을까 하는 생각을 했다. 물론 전에 있던 교회의 교사들이 실력이 없다거나 헌신자가 없다는 뜻은 아니다. 교사 숫자도 적고 고등학교 졸업하자마자 준비되지 못한 상태로 교사를 시작하는 등 여건이 나빴다는 뜻이다.

총무를 하다보니 각 교육부서 모임에 참석하며 다른부서와 교사들을 알아가게 됐다. 그런데 이게 웬일인가 내가 교회 옮긴지 1년 만에 김동호 목사님은 안식년을 떠나셨고 부장집사님은 사의를 표해 2008년 내가 하이키즈 부장이 됐다.

이런 상황은 전혀 생각지 못했는데 내가 높은뜻숭의교회에 와서 1년만에 주일학교 부장이라니? 나 개인으로서는 영광이지만 너무 우리 교회를 모르는 상태여서 걱정이 되었다. 그래서 그동안의 경험과 기도로 감당하기로 했다.

2008년도 우리 부서가 생각만큼 부흥이 되질 않아서 안타까웠지만 지역교회가 아니고 대부분의 부모님이 차로 데리고 왔다가 데리고 가는 아이들이다보니 어쩔 수가 없었다. 그래도 재미있고 보람있게 섬겼는데 또 사건이 터졌다.

이번에는 숭의재단에서 교회를 옮기란다. 많은사람들이 알다시피 우여곡절을 겪은 후 높은뜻숭의교회는 네 교회로 분립하게 되었다.

아이고, 내가 얼마나 힘들게 교회를 옮겨왔는데 분립을 하면 그 어려운 일을 한 번 더 해야되나 생각하고 특별히 따로 생각한 목사님이 없고 모두 좋은교회라는 생각에 집에서 가장 가까운 정의교회로 가기로 마음 먹었다. 주변에서도 "어디로 갈꺼냐고" 물으면 "가까운 정의교회로 가야죠" 하면 다들 "잘하셨어요 오목사님 참좋은 분이세요." 했다.

또 주일학교 담당 전도사님도 가장 마음에 드는 분이라 마음에 결정을 하고 교회 설명회 때도 정의교회 설명회만 참석했다.

그런데 이게 웬일인가 두 번에 걸쳐 오목사님 설교를 듣는데 설교 말씀이 전혀 들리질 않았다. 당혹스러웠다 수요예배때도 오목사님이 설교자여서 참석했지만 그때는 조금 나았지만 역시 비슷했다.

그래서 다 좋으신 목사님이시고 좋은 교회들 이므로 특별히 기도하며 선택해야할 필요를 느끼지 않았는데, 하나님께서 내가 가기를 원하는 교회가 따로 있을수 있다는 생각에 기도하며 생각해보니 문희곤 목사님이 설교하실 때에는 숨들이 마시는 소리까지 다 들리는게 아닌가. 그래서 하니님께서 나를 인도 하시는 곳은 높은뜻 푸른교회라는 생각에 푸른교회에 남기로했다. 그리고 교사는 청소년부를 지원했다. 그후 나는 저학년을 맡았으면 했는데 전도사님께서 고3 담임을 부탁해 고3 담임 맡았고 그 이후 청소년부 부장으로 지금까지 섬기고있다. 푸른교회에 출석해보니 사무실에서 걸어다닐 수 있는 거리여서 수요예배 참석 때는 걸어서 갈수있고 무엇부다 청소년부 예배가 너무 좋았다. 요즘은 많은 분들에게 우리 청소년부를 자랑하고 청소년부 사역하는 분들은 한 번 와보라고 하고 있다.

그리고 나는 인터넷을 통해 많은 설교를 많이 듣고있다. 물론 높은 뜻 네 교회 목사님들의 설교도 거의 다 듣고있다. 그리고 높은뜻 정의 교회 오대식 목사님 설교를 얼마나 큰 은혜 가운데 듣고 있는지 모른다. 그래서 하나님게서는 나를 높은뜻 푸른교회로 보내기 위해 잠시 내 귀를 막으셨나보다 생각한다.

8
말씀과의 씨름

82년 10월 내가 출석하던 교회에 큰 싸움이 났다.

교회는 담임목사님을 지지하는 쪽과 반대파로 나뉘어 싸우기 시작했고 담임목사님과 노회에서 파송한 목사님과 서로 설교하겠다고 밀치다가 강대상이 밑으로 떨어지기까지 했다.

초신자인 내가 그것을 보고도 시험에 들지 않은것은 어느 책에서보니까 많은 사람들이 교회에서 실망하는것은 예수님을 바라보는 것이아니라 목사나 장로 즉 사람을 보기 때문이라며 예수그리스도를 바라보라는 글을 읽은적이 있었기 때문이었다.

그런데 이상한 것은 이 큰 문제 앞에 성도 전체가 모여서 기도하는 모습을 볼 수가 없었다. 그래서 연말에 청년들에게 새해 첫날인 1월 1일부터 우리 청년들이 중심이되어 40일간 릴레이 금식기도를 하자고 제안했다. 많은 분들이 동참해 주셔서 1월 1일부터 금식기도를 시작하게 되었다.

기도회는 저녁 8시 2층교육관에서 하되 어른들은 한쪽으로 치우친 분들이 대부분이니까 기도회 인도는 청년들이 맡기로 했다. 그리고 40일 되는날 정말 기적처럼 양측이 합의하여 마무리가 되었다. 들리는 말로는 이런 일이 생기면 몇 년이 가는경우가 허다한데 아무튼 빨리 해결됐다고 했다.

나는 그것은 청년들을 중심으로 한 순수한 기도의 덕분이라고 생각했다. 성도들도 나누어지고, 또 보기싫은 모습에 교회를 떠나거나 신앙생활을 포기한 사람들도 있다보니 교회는 어려워졌고 교회에 출석하는 청년들의 숫자도 점점 줄어들어 그동안 1, 2부로 나뉘었던 청년회를 하나로 합치며 임원을 구성했는데 회장으로 내가 선출되었다.

교회가 어려운 때라 그런지 청년회 모임에 모두들 열심으로 참석했다. 그당시는 토요일에도 늦게까지 근무하는 사람들도 많았는데 보통 30명정도 모였고 그 숫자는 결코 적은 숫자가 아니었다. 다들 교회에 힘이되고 싶은 청년들의 열정이었다. 문제는 왜 그랬는지는 모르겠는데 지도자가 없었다. 담당 전도사님이 계셨는데 거의 참석을 하지 않으셨고 어쩌다 참석을 해도 아무 준비없이 나와서 성의없는 설교 몇 마디 하는 정도였다.

모이기는 했는데 목자없는 양들처럼 뭘해야될지 몰라 모였다가 서로 눈치보고 민망해 하는데 회장인 나도 이제 겨우 신앙생활 3년차에 청년회 모임은 한두번 참석한게 전부인 상태여서 어떻게 이끌어야 할지 알지 못했다. 그러자 부회장이었던 자매가 우리 같이 성경을 읽기

라도 하자고 했고 그것이 발전하여 성경공부를 하게 되었다.

본래는 같이 신앙생활하던 형제 중 장신대학원에 입학한 형제가 있는데 그때 교회 분위기가 내가 청년회 회장이 될 분위기였는지 그형제가 나에게 "김선생님이 청년회 회장이 되면 성경공부 인도는 자기가 하겠노라고"했는데 막상 신대원에 입학을 하고보니 같은 교단의 교회에 출석해야 한다며 떠나 버렸다.

그래서 우리는 회장인 나와 부회장 자매, 그리고 총무 형제 이렇게 셋이서 리더가 되어 각각 한 조씩 맡아서 성경공부를 인도하기로 했다.

그때 나의 신앙경력은 3년차여서 성경공부 경험은 단 한번도 없었고 주일학교 교사 1년 남짓 한게 내 신앙 이력서의 전부였다. 성경제목을 보고 신약과 구약을 구분하지 못했던 것으로 기억하고 있다.

그야말로 소경이 소경을 인도하는 꼴이었다. 그래도 그때는 매일의 새벽기도와 철야기도를 열심히 하며, 성경읽고 기도하는 시간이 하루 평균 2~3시간 되던 내 일생에 가장 열심히 그리고 성령 충만하던 시절 이었던것 같다.

하지만 성경을 대한 지식은 형편 없었고 성경공부를 한번도 해본적이 없다보니 주석이나 성경공부 교재가 있는지 조차 몰랐다. 그런 교재나 주석이 있었으면 어떻게든 성경공부 하는데 도움이 됐을텐데 정말 토요일 성경공부시간이 다가오는것이 두려웠다. 아무리 성경을 읽고 또 읽고 외우고 관주에 관주까지 찾아서 읽었고 다른복음서에 같이 기록된 부분까지 다 찾아 읽었지만 어떻에 단 시간에 성경을 알고 리더가 될수 있겠는가. 사정은 나만 그런게 아니었다. 부회장과 총무도 헤매는건 마찬가지였다 그러는 사이 출석 회원수도 점점 줄어 들었다. 성경공부 인도를 힘들어 하던 우리 세명은 셋이서 돌아가면서 교대로 한번씩 전체 성경공부를 인도해보기로 했다. 셋이서 교대로 성경공부를 인도해본후 그래도 그중에 내가 제일 잘 한다며 회원 숫자도 줄었으니 이제 나 혼자 리더를 하라고 했다. 이게 도대채 기뻐해야 하는건지 슬퍼해야 하는건지 잘모르는 가운데 하루는 하도 답답해서 기독교 서점에 갔다. 교과서도 참고서가 있고 문제집도 있는데 성경에 관한 그런 책은 없나 해서였다. 그러나 나는 그때 주석이나 참고서적을 발견하지 못했다. 그것은 주석이나 성경공부 교재 코너는 따로 있었기 때문이었던것 같다. 그곳에서 발견 한것이 강해 설교집이었다. 말이 강해 설교지 성경공부 인도하는데는 거의 도움이 되질 않았다. 나중에 선교단체에서 출판한 성경공부 인도방법 책을 누가 줘서 봤지만 그 당시에는 별 도움이 되지 못했다. 당시 누가복음을 공부하고 있었는데 누군가를 통해서 성경을 해석해놓은 주석이 있다는 이야기를 듣고 퇴근시간에 서점에 갔다. 주석코너 책장에서 누가복음 주석책을 빼는데 정말로 내 손이 감동으로 떨렸다. 세상에 이런 좋은 책이 있나, 나는 그 책을 소중한 보물처럼 두 손으로 가슴에 안고 집으로 왔다.

그리고 떨리는 마음과 기대하는 마음으로 책을 읽기 시작했다. 그런데 웬일인가. 복음서에 같은 사건이나 이적이 겹치는 부분은 마태복음 참조 하고 써있어서 마태복음 주석도 샀다.

얼마나 성경을 열심히 일고 또 읽었던지 전에 읽던 성경은 누가복음과 복음서 부분은 너덜 너덜 했다. 내 성경책은 그 부분만 툭 튀어나와 있었다. 누가복음 주석도 15장까지는 역시 너덜거릴만큼 읽었다.

그후 구역예배와 사무실에서의 직장예배 몇년 인도하고 다시 청년회 성경공부등에서 누가복음서를 가지고 공부하다보니 주석을 다시 사야 할만큼 열심히 공부했다. 얼마나 열심히 했냐하면 10여년 전 파워포인트로 신약성경 중 요한계시록을 뺀 성경퀴즈CD(뒷날개 참조)를 만든 적이 있다. 그때 어느 목사님과 대화하면서 이런 얘기를 한적이 있을만큼 열심히 했다. "저보다 성경을 많이 아시는 분들은 많이 있을 겁니다 그러나 저처럼 성경을 알기위해 몸무림치며 기도하고 노력한 사람은 그리 많지 않을 것입니다."

실제로 그런 사람을 별로 만나보지 못했다. 그리고 이렇게 몸부림치며 성경을 읽다보니 언제부터인가 성경이 그냥 글씨가 아닌 하나님의 말씀으로 보이기 시작했고 그 뜻을 조금씩 알것 같았다. 정말 어떤 때는 성경의 활자들이 SF영화에서처럼 움직일 것만 같은 때도 있었다.

그리고 또 놀란 것은 어떻게 목사님들은 이 본문으로 그런 설교를 할수 있을까? 하는 생각도 참 많이 했다. 내가 잘은 모르지만 때론 설교자들이 자신의 얘기를 하기위해 별 관계도 없는 성경본문을 읽고 자기 사상을 얘기 하는것은 잘못된 것이라 생각했다.

그렇게 성경을 공부하다보니 이제는 성경공부 시간이 기다려 졌다. 이말씀을 청년들과 나눌 것을 생각하면 가슴이 설레이고 기다려졌다. 청년들끼리 얘기하던 중 우리교회에 온지 1년정도 된 자매가 자기가 정말 힘이 드는데 우리교회에 남아있도록 자신을 붙잡아 준 것은 청년회 성경공부였다는 얘기를 들을 때는 너무나 감사하고 그동안 고생한 보람을 느꼈다.

그 이후 구역예배를 10년넘게 인도할때와 아버지학교에서 강사로 활동하면서 그때의 성경공부 경험은 너무나 소중했다. 그 이후 요한복음, 로마서, 사도행전, 고린도전서 등을 공부하며 구역예배를 섬겼다. 덕분에 신약성경 주석은 한 권 두권 구입하다보니 신약주석을 자연스럽게 대부분 갖추게 되었고 설교를 듣거나 성경을 읽다가 궁금한게 있거나 이상하다 싶으면 주석을 찾아보는 좋은 습관도 갖게 되었다. 그리고 아는 분이 신학을 공부하다 그만둘때 메튜헨리 주석 한 질을 얻어 놨는데 거의 읽지 못했다.

덕분에 이단종교를 믿는 사람들과 부딪쳤을 때 당당히 대화할 수 있었다. 사무실에 찾아온 이단종파 사람들을 커피까지 대접하며 토론을 벌였는데 결국은 부질없는 짓이었다.

그들은 토론하다 성경지식에서 밀린다고 내가 다니는 교회로 오지 않을것이고 나 또한 내가 그들과 토론하다 밀린다고 그쪽 신앙을 갖지는 않을 것이다. 언젠가 주일학교에서 한 학생이 나에게 "선생님 우리반에 공부 잘하고 똑똑한 애가 있는데 그 애가 자꾸 성경에 대해서 물어보는데 죽겠어요." 해서 알았다. 이번엔 네가 먼저 질문을 해라 두 가지만 하면 되는데 첫째는 그들은 주기도문의 예를 들며 "뜻이 하늘에서 이루어 진것같이 땅에서도 이루어 지리이다"라는 말씀처럼 뜻이 1953년에 하늘에서는 이루어졌기 때문에 이제는 땅에서의 뜻을 이루기위해 전도하러 다닌다고 하는데, 그러면 예수님이 이 땅에 계실때 이미 이루어졌다고 했는데 왜 너희들은 1953년에 하늘에서 이루어졌다고 하는지와 마태복음 28장 19절의 예를 들며 너희들 말대로 성부 성자 성령이 각각 다르다며 삼위일체 하나님을 부인하는데 왜 아버지와 아들과 성령의 이름으로 세례를 주고 할 때에 이름을 복수로 쓰지않고 단수를 썼는지를 물어보라고 했더니 그 이후 다시는 자신에게 성경애기 하지 않았노라고 했다.

또 한번은 종로에서 아내를 기다리며 책을 읽고 있는데 이단종교에서 나를 전도하려 했다. 그냥 책을 읽고 싶어서 "아가씨 나는 교회 다니는 사람입니다." 하고 대답했는데 이 아가씨가 더 잘됐다는듯이 바짝 다가와서 자기도 전에는 교회 다녔는데 왜 우리나라 사람이 외국의 신을 믿느냐, 우리나라 사람은 우리나라 신을 믿어야 되는것 아니냐며 자기는 기독교에서 발견하지 못했던 진리를 이곳에서 발견했다고 열을 올려서 할 수 없이 대화를 하게 되었다.

그때 그 자매와 대화를 하면서 그의 질문에 모든 답을 성경으로 해주었다. 그녀가 성경을 어느정도 알고 있는 사람이였기에 정확하게 장절을 알지 못하는 부분은 '이러이러한 뜻 혹은 성경 어디쯤에는 이런 말씀 알죠,' 하면서 약 한시간쯤 대화를 했는데 결국은 그자매가 무너지기 시작했다. 한시간정도 대화를 한 후 시간이 없어서 헤어지면서 그녀에게 이런 얘기를 해주었다. "아가씨 만일에 아가씨가 지금 있는 그곳에서 그들의 교리를 공부하는것 만큼 성경을 공부해 봤습니까? 안했지요 그러면서 어떻게 기독교를 비판합니까. 제가 부탁하는데 성경을 한권만이라도 정독하고 조금 공부해보고 판단하세요. 그렇게 연구했는데도 기독교가 진리가 아니라면 떠나도 좋지만 우리 기독교 신앙생활은 대충대충하고 그 쪽은 열심히 공부해보고 판단하는 것은 잘못한 것 같군요 제가 추천을 한다면 복음서 중에 한 권을 공부해보라고 하고 싶군요. 그중에서도 누가복음이 유대인이 아닌 이방인을 위해 썼다고 하니 적극 추천합니다." 하고 헤어졌다 헤어질 때에 고개를 끄덕이며 동감했는데 그 후 그녀가 정말로 다시 돌아와 진리이신 예수님을 만났는지는 모르겠다.

9
하나님의 일 하나님의 방법

누구든지 예수그리스도를 믿고 구원에 확신을 갖게되면 삶의 태도가 바꾸고자 노력한다.

나 역시 그랬다. 물론 예수님을 믿기 전에도 주변사람들에게 나쁜 사람 소리를 듣지는 않았지만 그래도 내 삶의 방식을 성경적인 삶으로 조금씩 바꿔 나갔다.

예수를 믿는 사람이 주일날 교회가는 것과 술 담배 안하는 것 말고 불신자과 다를 게 없다면 잘못된 삶이라고 생각했다.

그래서 우선 직장생활 할 때 맨 먼저 출근을 했다. 사무실 청소를 다 해놓고 찬송가를 들으며 일을 시작하고 있으면 다른 사람들이 출근하기 시작했다.

교회 내의 일을 할 때에도 내 방식이나 내 생각대로 하기보다는 한

번 쯤은 어떻게 하는게 성경적인지, 예수님이라면 어떻게 하셨을까를 생각해 볼 필요가 있다고 생각했다.

주일학교 교사를 하면서 보니 우리 아이들 대부분이 교회 뒷편의 초등학교 학생들 이었다. 우리는 토요일마다 학교가 끝날 무렵 학교 정문앞에서 아이들을 만났다. 아이들도 반가워 했고 또 오랫동안 교회에 나오지 않던 아이들을 만날 수 있었다.

그곳에는 우리교회 뿐만이 아니라 주변에 다른교회 에서도 몇분의 교사분들이 나왔다. 자주 만나다 보니 서로 인사도 하고 서로의 교회 아이들을 챙겨주고 정보도 주고받는 좋은 관계가 되었다.

모든 교회가 이렇게 서로 좋은 관계속에 있으면 좋을텐데 그렇지 못한 경우도 있었다. 한 아이가 우리교회 선교원에 다니며 교회에 출석하게된 아이가 있었다. 부모님은 믿지 않은 분들이어서 그 아이에게 특별이 정성을 다했다. 당시에는 맞벌이 부부가 많지 않을때였는데 부부가 같이 일을 하므로 다른 아이들처럼 돌봐주지 못하는 부모님은 정성을 다해 돌봐주는 교회를 굉장히 고마워했다.

그런데 이 녀석이 어떻게 하다가 다른교회에 몇 번 출석한 모양이었다. 나는 주일학교 부장을 하면서 다른교회로 가서 교회생활 잘 하면 군이 우리교회에 꼭 나오도록 하지 않았다. 그런데 이녀석은 특별히 공을 많이 들인 아이라 왜 다른교회에 갔는지 궁금하기도 하고 다른 아이들과는 달리 그냥 보내기는 좀 섭섭했다. 담임을 통하여 사정을 들어보니 이 아이가 어쩌다 다른교회를 한 번 가게 되었는데 그 후 그 교회에서 주일날 아침마다 그집에 찾아가서 기다렸다가 아이를 데려간다는 것이었다. 분명히 그 아이가 우리교회에 출석하는걸 알텐데 그렇게까지 하는 그 교회가 속으로는 괘씸했다. 그러나 그런 일로 싸울수도 없는 노릇이고 해서 나는 그냥 넘어갔는데 담임선생님은 오기가 났던지 그 부모를 만나 전후사정을 얘기한것 같았다. 그동안 우리교회에서 얼마나 정성을 다했는지 아시는 부모님이 그 아이에게 다시 우리교회에 가라고해서 그 아이는 다시 우리교회에 나오게 되었다.

예배 후 분반공부를 하기전 나는 그 아이를 찾아가 아는척을 하는데 이 녀석이 나를 바라보며 "선생님 저쪽교회에서는 간식도 주던데" 하면서 지나갔다. 그런데 그 표정이 나를 붙잡을려면 그 교회만큼 대우를 해달라는 말투였다. 마치 물건을 사려는 사람이 양쪽에 흥정을 붙이는 것처럼 꼭 그런 표정이었다 두 교회를 출석해보고 두 교회가 자기를 서로 데려가기 위해 경쟁한다는 것을 이 초등학교 2학년 아이가 알고 하는 말이었다.

그래서 교사월례회 때 그 아이 담임에게 그 아이를 더이상 붙잡지 말라고 말했다. 그 아이를 위해 그것이 더 좋을것 같다는 생각에서였다. 비록 잘못된 열정이지만 매주 집앞에 와서 데려갈 정도의 열정이면 어쩌면 우리보다 더 아이를 사랑하고 케어할 수 있으리라 생각했지만 뒷맛이 씁쓸한것은 어쩔 수가 없었다. 그 후 그 아이는 우리교회에 출석하지 않았다.

지금 서른살이 넘었을텐데 지금도 신앙생활 잘 하고 있을지 궁금하다.

♥

같은교회 내에서도 서로 알게 모르게 경쟁을 하게된다. 물론 선의의 경쟁이 더 많다고 생각한다. 유·초등부 부장을 할때에 한 교사가 나에게 이런말을 했다. "부장 집사님 소문에 의하면 ○○○선생님이 내년부터 중·고등부 교사로 간대요. 그러니 그런 좋은 선생님 다른 부서에 뺏기지 말고 잡으세요" 그 ○○○선생님은 모두가 탐내하는 좋은 교사였다. 공부도 잘하고 서울대 음대생인데 특기가 아닌 시험으로도 서울대 갈 실력이 되고 신앙생활도 반듯하게 잘해 정말 흠잡을데 하나없는 그런 교사였다.

그러나 나는 그 때 그 교사에게 이런 말을 해주었다. "선생님 저도 그 선생님이 우리부서에 함께 있었으면 좋겠습니다. 그러나 그 선생님이 중·고등부 교사로 가겠다면 저는 붙잡지 않을 것입니다. 제가 보기에 우리교회 전체로 볼 때 우리부서에 있는 것보다 중·고등부 교사로 섬기는 게 더 유익하기 때문입니다. "그는 다음해 중·고등부 교사로 임명되었고 예상대로 우리부서에서 섬길때 보다 교회와 하나님나라에 더 유익이 되었다. 후배 학생들과 잘어울리고 돌보아 주는 좋은 모델이 되어 주었다.

하나님이 보시기에도 훨씬 좋았으리라고 생각한다.

♥

아버지학교에서도 스태프로 섬긴지가 꽤 오래되었다 2003년 6월 수료 후 아내가 투병하던 기간을 제외하고는 거의 쉬지 않고 섬겼다.

나는 본래 본부에서 수료했으므로 처음에는 본부에서 섬기다가 본부에 다니기에는 교통편도 그렇고 여러가지로 불편해서 회사에서 가까운 서울중부지부를 섬기기 시작했다 나름 열심히 섬기다보니 지금은 중부지부 지부장이되어 리더로서 섬기고 있다. 요즘은 대부분의 지부에서 헌신된 스탭이 부족해 다들 어려워 하고있다. 특히 우리 중부지부처럼 개설기수가 많은 곳들은 더 힘이든다. 한번에 두 기수가 겹치다 보면 서로 스탭를 먼저 차지하고자 경쟁을 할 수 밖에 없다. 중부지부에서는 2009년 한해에 9회의 아버지학교를 개설했다. 다른 지부에서는 정말이냐고 할 만큼 많이 개설했다. 그때 나는 중부29기를 처음 진행하게 되었다. 사람이라면 누구든지 마찬가지겠지만 내가 진행하는 기수가 더 잘되길 바라고 내가 출석하는 교회가 개설할때 더 잘하고 싶을 것이다. 나도 마찬가지였다. 그런상황에 앞뒤기수와 개설 날짜가 겹치다보니 스탭 구성하는 것도 쉽지 않을것 같았다. 그래서 진행자나 개설교회는 스탭들을 미리 섭외하기 시작했다.

나도 마음 속으로 같이 섬기고 싶은 형제들이 있었지만 우리 앞 기수가 스탭을 구성할 때까지 기다렸다. 솔직히 속으로는 개설교회 형제들이 미리 서둘렀으면 하는 마음까지 들었는데 다행인지 불행인지 개설교회 형제도 나와 같은 생각을 가지고 있었다. 정말 속이 탔지만 그래도 하나님의 일을 하는데 하나님의 방법으로 해야지 세상적인 방법으로 경쟁할 수는 없다고 생각했다. 결국 기다리다가 앞에 기수 스탭 구성이 끝난 후 스탭들을 섭외하기 시작했다.

조장팀장을 맡은 형제가 큰일 났다며 내게 전화를 했다. 열명넘게 전화통화를 했는데 단 한명도 조장하겠다는 사람이 없다는 것이다.

지원자가 많지 않아 많은 조장이 필요하지 않아 다행이 큰 어려움없이 조장이 채워졌다. 준비모임을 할 때에도 어려움이 있었다. 우리는 앞기수 준비모임 시간을 배려해 다른요일로 날짜를 정했는데 우리 뒤에 기수는 우리와 같은 요일에 준비 모임을 하며 나에게까지 준비모임 안내 문자가 왔다. 누가 담당했는지는 모르지만 날짜가 겹치는 앞기수 진행자에게까지 문자를 보내는 걸보니 너무 성의가 없고 무례하다는 생각이 들었다.

실제 진행 할 때에도 관리 스탭이 부족해 관리팀 형제들이 이리뛰고 저리뛰며 고생을 많이 했다. 그래도 힘든 가운데에도 은혜스럽게 잘 끝냈다. 나는 진행자로서 함께 섬겨준 형제들을 너무 고생하게 한 것같아 미안한 마음이 들었다. 진행자인 내가 조금더 서둘러 스탭를 섭외 했으면 조금더 수월 했을텐데 그러나 내 마음 속에는 그보다 더 큰 뿌듯한 마음이 들었다. 그것은 그 일을 하면서 얼마나 하나님이 원하시는 방법으로 했느냐를 생각해 본다면, 힘들고 어려웠지만 우리가 한 방법이 하나님이 원하는 방법이라고 생각했기 때문이다. 우리가 무슨 일을 하는데 있어서 결과도 중요하지만 그못지않게 과정도 중요하다고 생각한다. 지금 내가 하고 있는 일들이 그것이 세상일이든 교회일이든 목표를 이루고 성공했느냐보다 더 중요한것은 하나님께서 원하시는 방법으로 하고 있는지 한번 생각해 보자.

10
가장 감동이 있는 설교

초창기 기독교인들은 말씀을 들을 기회가 많지 않았을 것 같다. 목회자도 부족했고 성경책도 구하기 힘든 시절이니까 말이다. 다행히 내가 처음 예수을 믿기 시작한 1981년도만 해도 성경책 구하는 것은 힘들지 않았다. 그때에는 국제 기드온에서 무료로 배포한 신약성경책이 많이 있었던 것 같다.

처음에는 나도 그 파란표지의 작은 신약 성경책을 주머니에 넣고 다니며 열심히 읽었던 기억이 난다. 그런데 성경을 분명히 처음 읽는데 어디서 본내용들이 나왔다 그래서 그때는 이상하게 생각했는데 나중에 생각해보니 복음서에는 같은 사건이 다른복음서에도 기록되어 있어서 그랬다.

그 당시만 해도 많은 교회들이 매 년 부흥회를 했고 부흥회를 하면 그 광고를 보고 주변교회 성도들까지 모여서 부흥사들의 설교를 듣곤 했다. 그만큼 말씀에 대한 사모함이 있었고 또 한편으로는 본교회 교역자 말고는 설교를 들을 기회가 별로 없었다. 그래서 서점에서 설교 테이프도 많이 판매를 했고 나도 많이 사서 들었던 기억이 있다.

그리고 1981년 당시에 전두환 정권이 들어서면서 언론 통폐합을 하는 바람에 기독교 방송이 선교방송만 허용 됐으므로 나는 그 덕을 많이 봤다. 특히 밤 10시에 그 당시 대형교회 예배 설교를 녹음 방송해 주어서 거의 매일 라디오를 통해 들었을뿐만 아니라 녹음해서 반복해서 들었고 새벽기도를 다녀와서 6시에 방송되는 수요예배 설교도 녹음해서 반복해서 듣곤 했다.

지금은 시대가 좋아져서 대부분의 사람들이 마음만 먹으면 많은 설교를 들을 수 있다. 여러 개의 기독교 채널이 있고, 웬만한 교회는 홈페이지에 설교 동영상을 올려놓았고 각종 기독교 사이트에 들어가면 많은교회의 설교 동영상을 몇개월 전 것까지도 보고 들을 수 있다.

나는 컴퓨터 앞에서 일하는 직업이다보니 매일 한 두편의 설교를 듣는다. 가끔 새로운 분들의 설교도 듣지만 대개는 내가 좋아하는 분들의 설교를 듣게된다. 그러고 보니 내가 처음 신앙생활 할 때 주로 설교를 듣던 분들은 대부분 지금 은퇴 하셨고 요즘은 새로운 분들의 설교를 듣고있다. 한 사람의 설교를 계속 듣다보면 그 분의 신앙의 색깔과 가치관 등을 알 수 있을 것 같았다.

때로는 기독교 서적이나 다른통로를 통해 알게 된 분들도 있다. 책을 읽고 감동이 되어 교회 홈페이지를 찾아 설교를 듣게 된 분들이나 주변사람들의 추천으로 설교를 듣게 된 분들도 있다. 설교자들 중에는 설교를 아주 쉽게 해주셔서 일하면서 조금은 건성으로 들어도 잘 이해가 되는 분들도 있고 집중해서 듣지 않으면 내용을 잘 이해하지 못할 만큼 깊은 내용의 설교를 하는 분들도 있었다.

얼마 전 아버지학교 스탭모임 때 나에게 10여분 정도 스탭들과 수료자 중 각 테이블 리더를 대상으로 말씀을 전할 기회가 주어졌다. 그 때 말씀을 준비하면서 그런 생각을 했다 어떤 설교가 나에게 가장 은혜가 됐는지?

그리고 그 다음 주일날 교회에서 임직자 교육 중 우리교회 목회자에게 바라는 목회자 상이 무엇인지를 쓰라고 했다. 그때 나는 이런 말을 했다. 나는 교사를 하면서도 분반공부 준비를 대충하지 않았고 대부분 일주일 동안 묵상해서 가르치려고 노력했고, 또 대부분 그렇게 했다. 그 동기는 언젠가 교사 강습회에서 강사님이 "여러분들이 공과 준비를 30분 준비해서 가르치면 그들도 30분 후에 다 잊어 버려도 할 수 없습니다. 그러나 여러분들이 일주일 내내 묵상해서 30분동안 압축해서 가르치면 그들도 30분 들은 성경공부 내용을 일주일간 풀어서 생활할 것입니다." 라고 했다. 그 강의를 들은 후 나는 그대로 하고자 정말 많이 노력했다. 또 내 딸 아이가 교사를 시작할 때에도 그 얘기를 해줬다. 그러므로 내가 바라는 목회자 상은 설교자들이 성도들에게 일주일 동안 열심히 설교 준비해서 영혼에 양식을 먹이는 것이 가장 중요하므로 그렇게 준비해서 설교해 주셨으면 좋겠다고 얘기했다. 금요일이나 토요일날 준비한 설교는 나는 영혼의 인스턴트 식품이라고 생각한다. 그래서 모든교회의 사역자들이 정말 한 주간 동안 깊이 묵상하고 들려주는 그런 설교자였으면 좋겠다. 나도 부족하지만 교사와 성경공부 인도자로서 그렇게 묵상 할때 마치 설렁탕 국물도 오래 끓이면 진한 국물이 배어나오듯이 말씀 속에서 우러나오는 그런 맛이 있었다.

그리고 그렇게 묵상 못지 않게 중요한 것은 그들의 삶이다. 많은 설교를 들으면서 나에게 가장 많은 감동을 주는 설교는 성경을 잘 가르치고 깊은 묵상보다 설교자의 삶이 녹아있는 설교였다. 깨달은 말씀과 함께 그대로 살기위해 몸부림치는 그 삶이 진하게 배어나오는 설교는 나뿐만이 아니라 듣는 많은 사람들에게 큰감동을 준다.

믿음의 싸움에서 승리의 이야기가 아니어도 좋다 때론 넘어지고 쓰러지지만 자신이 먼저 믿음의 선한 싸움을 싸운 그 이야기가 듣고 싶은 것이다.

처음 교회에 출석하며 성경을 읽을 때였다. 성경을 읽으면서 예수님의 가르침에 별 감동 받지는 못했다. 그러나 성경을 반복해서 읽으면서 예수님께서는 말로만 가르친 것이 아니라 가르치시는 대로 사는 분이셨다.

일곱 번씩 칠십번 이라도 용서하라고 가르치시고 베드로를 용서하셨고, 원수를 사랑하라고 가르치시고 십자가위에서의 고통 속에서 자신의 손과 발에 못박고 조롱하는 그들의 영혼을 위해 기도하셨다. 그 모습을 통해 그분의 말씀을 믿기로 했고 그 분의 제자가 되기로 했다.

물론 설교자나 성경을 가르치는 모든 사람들이 자신이 사는만큼만 가르칠 수는 없다. 그러나 그러한 삶을 살기 위해 몸부림 칠때 그 가르침에 힘과 감동이 있다.

다행히 내 주변에는 그런 설교자가 있어서 좋다. 그래서 예배도 은혜스럽고 나도 저렇게 살아야지 하는 도전을 받게된다. 앞으로 그런 설교자와 교사들이 그리고 그리스도인들이 더 많아졌으면 좋겠다.

11

신앙의 발란스

아내를 암으로 먼저 하늘나라로 떠나 보내고 그야말로 죽지못해 살 만큼 힘든 때였다. 몸도 마음도 지칠대로 지쳐있던 시절 같은 일을 하던 한 친구가 자주 찾아와 위로해 주던 중 자신이 요즘 헬스를 하고 있다며 같이 운동을 하자고 했다.

그런데 근무시간인 낮에 점심시간 전이나 후에 운동을 한다는 것이다. 그때 시간을 내는게 힘들 것 같아 망설이는데 우리는 자영업을 하고 있으니 바쁘면 새벽에 일찍나와 일하거나 야근을 하면 되니까 같이 한번 해보자는 것이다. 아이들이 고등학생과 중학생 인지라 학교에 일찍 등교하므로 그들을 보내고 출근하면 남들보다 한 시간씩 일찍 출근을 하던 때라 일단 시작해 봤다. 손님들도 내가 어려운때라 그런지 이해해 주었고 며칠 해보니 생각보다 일에 큰 지장이 없었다. 점심식사 후 헬스장에 가면 우리 둘만 있을 때가 많았다. 먼저 헬스를 시작한 친구로부터 기구 사용법 설명을 듣고 운동을 하는데 본래 허약한 체질인 데다가 최악의 컨디션이다보니 힘이 있을리가 없었다. 얼마나 허약했던지 남들이 있을 때는 기구 운동을 하지 못했다. 꼭 남들이 무슨 남자가 저렇게 힘이 없어 하고 비웃을것 같아서 였다.

아니다 다를까 나중에 같이 운동한 친구가 그랬다. "집사님 처음에 운동할 때 세상에 이렇게 약한 사람도 있나 하고 놀랬노라고" 이렇게 시작한 운동을 얼마나 열심히 했던지 수련회를 가거나 휴일을 빼고는 거의 하루도 거르지 않았다. 처음엔 안쓰던 근육을 쓰고 욕심을 내며 운동을 하니까 온몸이 아프기 시작했다. 그래서 난생 처음 한약방에 가서 침을 맞고 부황을 뜨면서까지 열심히 운동을 했다. 그렇게 운동을 하고 저녁에 잠자리에 누우면 온 몸이 아프고 쑤셨다.

그때 이런 생각이 들었다 만약에 지금 몸이 아프고 쑤신 것이 먹고 살기 위해 노동판에 나가서 고된 일을 했기 때문이라면 얼마나 서러울까? 그런데 그 아픔이 고통으로 느껴지질 않았고, 오히려 짜릿한 쾌감 같은게 느껴졌다. 왜 그럴까? 분명이 고통인데 그 고통이 짜릿한 쾌감을 동반한 것은 왜일까? 운동을 하면서 헬스에 관한 책을 사서 읽어보니, 사람의 근육이 만들어지는것은 운동을 통해 본래 근육이 그냥 커지는게 아니라 근섬유가 찢어지는 고통을 겪으며 생긴다. 근육이 상처를 받고 그 상처가 회복되면서 커 진다는 것이다.

그래서 육체에 고통이 오지만 그 과정을 통해서 근육이 생기고 좀 더 멋진 몸을 만들수 있다고 생각하니 그 고통이 짜릿한 쾌감으로 느껴졌던 것이다.

　그러면 우리의 믿음은 어떨까? 많은 사람이 고난은 위장된 축복이라고 말한다. 그럼 정말로 내가 이 고통을 통해서 느끼는 그 고난을 통해서 기쁨을 느낄수 없을까? 사실 고난을 좋아하는 사람은 보지 못했다. 그냥 할수 없이 버틸 뿐이다. 나 역시 마찬가지고 헬스를 하면서 느낀것 중에 하나는 헬스와 신앙은 닮은 점이 참 많다는 생각이 들었다. 신앙생활도 그렇지만 헬스도 열심히도 해야 하지만 정확한 자세로 운동해야 효과가 있다. 가슴을 키우기 위해서는 가슴근육을 자극해 줘야하고 덤벨운동을 해도 어떤 자세로 하느냐에 따라 가슴근육이 자극받고 이두와 삼두가 자극 받을수도 있다. 복근을 만들기 위해서는 복근운동을 해야 한다. 그리고 골고루 균형있게 운동해야 균형잡힌 몸을 만들수있다. 또 근육이 회복되는데 걸리는 시간이 36시간정도 걸리므로 무조건 열심히 하는것 보다는 회복되는 시간이 필요므로 휴식도 필요하다.

　우리의 믿음도 마찬가지라고 생각한다. 말씀을 듣고 묵상을 통해 성장하는 부분이 있고, 깊이 기도하며 하나님을 만나야 성장할수 있는 부분도 있다. 그리고 헌신과 봉사를 통해서 성장하는 부분도 있다고 생각한다. 그리고 피해가고 싶지만 고난을 통해야만 성장 할 수 있는 부분도 있지 않을까? 많은성도들이 고난을 겪을때는 너무나 힘들었지만 그 고난을 통해 하나님을 깊이 만나고 경험 할 수 있었기 때문이다. 어느 철학자가 말하기를 '고독은 가볼만한곳은 되지만 머무를곳은 못되더라'고 했는데 우리 성도 들에게는 고난이 그렇다고 생각한다. 이제 운동을 시작한지 6년이 다 되어간다. 아이들이 우리 아빠가 저렇게 변할줄 알았냐고 할만큼 건강해 졌고 60kg였던 몸무게는 8kg이상 늘었다 그렇지만 내가 원했던 씩스팩이 생기거나 근육질 몸매는 만들지 못했다. 그러나 실망하지 않는것은 지금 내 몸은 20~30대 부럽지 않을만큼 잘 균형이 잡혀있다. 체중이 10%이상 늘었는데도 허리 사이즈는 그대로이다. 처음 운동을 할때는 살이 빠질까봐 런닝머신에서 뛰는 유산소운동은 하지 않았는데 유산소 운동도 필요할것 같아 런닝머신 위에서 뛰는 것 보다 탁구를 치는게 나을 것 같아 탁구와 헬스를 겸해서 하고 있다.

50대 중반인 지금 30대 시절 보다 더 건강하게 느껴질만큼 내 몸은 건강해 졌다. 예전에 무리를 하고나면 며칠씩 힘들어 하고 20대에는 아무리 피곤해도 하루밤 푹자고나면 풀리던 피로가 나이가 들면서 회복되는 시간이 길어졌는데 이제 다시 회복되는 시간이 빨라졌고 손끝까지 나른하던것도 없어졌다.

그러다보니 이제 운동에 중독된것 같다 운동을 한 삼 일만 못해도 불안하다. 꼭 느낌이 운동을 며칠 하지 않으면 온몸에 근육이 풀어지는것 같다. 사도 바울은 "육체의 연단은 약간의 유익이 있으나 경건은 범사에 유익하니..."했는데 나에게는 육체의 연단도 큰 유익이 됐다.

그러고 보니 나는 역시 육적인 사람인가 보다. 운동은 며칠 하지 않으면 불안한데, 기도생활, 말씀읽고 묵상하는 것은 며칠 소홀이 해도 별로 감각이 없으니 말이다. 이제 경건한 삶을 통해 육체의 유익보다 더 유익한 경건한 삶을 살도록 경건한 삶을 위해 노력해 봐야겠다.

12

빗나간 인연

우리모든 사람들에게 세상에 태어나 가장 궁금한 것은 내가 어떤 배우자를 만날 것인가 일것이다.

그래서 처녀 총각시절에는 혼자서 꿈도 많이 꾸고 자신의 미래를 알고 싶어서 운명철학원을 찾기도 하는 것 같다.

결혼 적령기가 되니 주변에서 선을 보라는 분들이 참 많았다. 여러 가지로 부족한 사람인데 주변에서 모두들 잘 봐줘서 그런지 선을 한 50번은 본 것 같다.

처음 선을 볼 때 였다. 약속장소를 신라호텔 커피숍으로 잡고 약속 장소에는 누나와 같이 나갔다. 나가면서 누나에게 싸인을 정하자고 했다.

싸인은 상대가 마음에 들면 커피에 설탕을 세 스푼 넣고 보통이면 두 스푼 마음에 안들면 한 스푼 넣기로했다.

약속장소에는 우리가 먼저 도착해서 기다리니 잠시후 소개하시는 분과 선 볼 상대가 들어왔다. 입구에서 부터 우리 자리까지 오는동안 그 분의 모습을 볼수 있었다. 나는 교회 다니기 전 몇 년간 손금과 관상공부를 한 적이 있다. 걸어 들어오는 동안 나름대로 그를 파악 할 수 있었다. 서로 인사를 하고 커피를 시켰다. 커피가 나오자 그쪽 분들이 커피잔에 설탕을 넣은 후 내가 먼저 설탕 그릇을 내앞으로 당겨 놓고 스푼에 최대한 많은 양의 설탕을 내 커피잔에 한 스푼 넣고 누나 앞으로 밀었다. 누나는 설탕을 한 스푼 넣고 두번째 스푼를 뜨더니 내 얼굴 한번 처다보고 그대로 도로 쏟아 버렸다.

기왕 만났으니 거절을 하더라도 예의를 갖추는 게 좋을 것 같아 적당한 시간 대화를 하는데 걸어 들어오는 그 몇 분동안 보고 판단한 그 범위를 벗어나지 못했다. '와! 내가 관상공부 제대로 했나보다'했지만 그 날은 쓴커피를 마셨다. 나는 커피를 달게마시는데 …

그 후에 기억에 남는 만남이 있다. 시골에 사시는 친척 분의 소개로 한 자매를 만났다. 첫 인상이 너무나 좋고 서글서글한 눈매와 적당한 키, 외모와 성격 모두 내눈에 100점을 줘도 아깝지 않은 사람이었다. 신앙생활은 깊은 신앙은 갖지 못했고 교회에 출석하는 정도였다. 첫 만남부터 즐거운 대화를 했다 시간이 늦어서 헤어지면서 인사를 하려는데 "잠깐만요" 하더니 "제이름은 ○○정씨에 이름은 ○○"이라고했다.

그리고 보니 서로 통성명도 없이 열심히 대화만 한것 같았다. 헤어지면서 자기의 이름을 정확히 알려 주는걸보니 상대도 일단은 나를 마음에 들어하는 것 같아서 기분이 좋았다 나도 마음에 드는 상대이므로 다음에 꼭 다시 만나서 교제를 해보리라 마음 먹었다.

그런데 그 날 이후로 이상하게 도저히 시간이 나질 않았다. 지금처럼 핸드폰이나 이메일이 있었으면 연락을 했을텐데, 직장 전화번호도 모르고 그들이 세 들어사는 주인집 전화번호 밖에 몰랐다. 그쪽에서는 우리 쪽 연락처를 모르는 상태였다. 그렇게 몇 주의 시간이 흐르다 보니 연락하기도 쑥스럽고 해서 그냥 인연이 없나보다 하고 포기했다.

2~3개월 후 아버지 생신 때 시골집에 내려 갔는데 아버지께서 "야 너 이러 이러한 아가씨와 선본 적 있냐?" 라고 물으셔서 "네" 했더니 "야, 선을 봤으면 가부간 연락을 해야지 그 동생이라는 아가씨가 여기까지 찾아왔는데 내가 니가 선을 봤는지 어쨌는지 알아야 대답 할것 아니냐." 하셨다.

그 말을 들으며 이런 생각이 들었다.'이런 걸 인연이 없다고 하나보다'하는 생각이 들었다. 서로 맘에 들어했는데 소개 하신 분이 나에게 한번만 상대가 어떻더냐고 물어봤어도 아마 우리는 결혼 했을 것 같다. 그래서 그 때라도 연락을 할 수도 있었지만 하나님께서 맺어준 인연이 아닌 것 같아서 그대로 끝냈다.

그 후 같은 업을 하시는 분 중에 성격이 까다로워 남들과 잘 어울리지 못하지는 분이 있었는데 웬일인지 그분이 나를 잘 봐주셔서 나와는 좋은 관계를 맺고 있었다 그런데 그분이 언젠 부터인가 나에게 꼭 소개해 주고 싶은 사람이 있다고 했다. 그래서 "교회에 다니나요?" 했더니 교회는 안 다니는데 서로 맘에들어 결혼하면 다니면 될것 아니냐며 본인이 신앙이 없으니까 그런지 대수롭지 않게 말했다.

그래서 "사장님 죄송한데 저는 예수 믿지 않는 사람과는 결혼 안 합니다. 그러니 선도 보지 않겠습니다." 했더니, 그래도 하도 집요하게 선을 보라고 하는데 선보는 것마저 거절하면 그분과 의가 상할 것 같았다. 그래서 "그럼 날을 정하시면 퇴근 후 한번 만나는 보겠습니다 했더니." 퇴근 후에 보지 말고 밝을 때 만나서 얼굴도 자세히 보라고 했다. 속으로 '아따, 얼마나 예쁘길래 저러나. 그래도 잘 안될텐데.'생각하고 오후5시에 약속을 했다.

그 때가 초여름이라 오후5시도 밝을 때였다. 약속장소에 나가보니 왜 밝을 때 보라고 했는지 이해가 되는 사람, 정말 백옥처럼 깨끗하고 하얀 피부에 얼굴에 잡티하나없는 요즘 말하는 도자기 같은 피부에 단정해 보이는 아가씨가 언니와 함께 나와 있었다.

대화를 해보니 생각도 너무 건전했고 생활력도 강한 전문직 여성에 말도 너무 잘 통하는 그런 사람이었다. 서로 시간가는줄 모르고 대화하다가 커피숍에서 나와 명동에서부터 을지로 지하도를 따라 동대문운동장까지 걸었다. 내 걸음은 보통사람은 따라올 수 없는 빠른 걸음인데 거기까지 잘 따라오는 걸 보면 체력도 합격이고 다시 그녀와 함께 다른 곳에 가서 대화를 계속했다. 처음 만난사람과 장장 4시간을 얘기했다. 그런데 그렇게 말이 잘 통하는 사람이 조금 더 깊은 대화를 해보니 어긋나기 시작했다. '아! 신앙이라는것이 이런건가 보다,

겉으로는 그렇게 서로 잘맞고 좋아 보이는데 한발짝 더 앞으로 나가면 맞질 않는구나. 그래서 사도바울은 "너희는 믿지 않는 자와 멍에를 같이 하지 말라 의와 불법이 어찌 함께하며 빛과 어두움이 어찌 사귀며"(고린도후서 6장 14절)라고 말했나 보다 생각하고 정말 내 맘에 쏙 드는 그런사람 이었지만 포기하고 돌아섰다. 내가 예수를 믿지 않았다면 쫓아 다녀서라도 잡고 싶은 그런 사람 이었다.

다음날 그녀를 소개해 주신 분은 아침 일찍 나를 찾아 오셨다. 그녀로부터 어제 만남에 대해 들었을테니 당연히 내가 좋아 할 것으로 생각하고 너무도 당당한 모습으로 "어때?" 하고 물으셨다. "네, 너무 좋은 분 같은데 예수을 믿지 않기 때문에 저하고는 안될것 같습니다. "하고 말씀드렸더니 의외의 대답에 놀라면서 "아니 결혼해서 같이 교회 다니면 될것 아니야." 하시며 이해할수 없어하는 그분에게 "사장님, 사장님은 지금은 이해를 못하실 겁니다 그러나 사장님께서 기독교 신앙을 갖게 된다면 그때는 이해를 하실것 입니다."하고 말씀 드렸다. 그때는 그분을 이해 시키지는 못했지만 소중한 교훈을 얻었다.

약 2년전 아시는 목사님께서 "집사님 재혼 하셔야죠" 하시면서 교회의 여전도사님게서 귀한 여자분이 있다면 소개 시켜 주고 싶으니 연락하면 한번 만나자고 했다. 며칠 후 그 전도사님으로부터 연락이 와서 통화를 하게 되었다. 제가 지금 경제적으로 어려운 상황인데 그래도 괜찮은지를 물었더니 "집사님 괜찮아요 여자분이 돈이 아주 많아요" 솔직히 귀가 번쩍뜨이는 소리였다." 그래요 그러면 신앙생활은 잘하고 있는 분인가요?" "그게 신앙생활을 안 하시는 분인데 여자분은 돈이 많고 집사님은 신앙이 있으니까 …" "저, 전도사님 됐습니다 저는 신앙 없는 사람과는 재혼 할 생각 없습니다" 하고 바로 전화를 끊었다. 내가 그러는 데에는 두가지 이유에서 였다. 바로 앞에 경우와 또 하나는 아내와 17년을 살면서 나는 더 바랄수 없을만큼 행복하게 살았고 우리가 정말 행복 할수 있었던 가장 큰 원인은 둘이 같은 믿음을 가지고 한곳을 바라보며 살았기 때문이었다. 부부가 하나되어 주님을 섬기는 그 삶은 돈보다 더 소중한 삶이었다. 성경에 나오는 밭에 보화 비유처럼 세상의 기준으로는 알수도 이해 할수도 없는 믿음은 보석과 같았기 때문이다. 나는 온전한 믿음 안에서의 삶을 통해 그 믿음이 얼마나 소중한지를 경험 했다. 그래서 비록 가난 하지만 망설임 없이 믿지 않는자와의 동행을 거부할 수 있었다.

또 한번은 같은 교회의 자매였다. 같이 주일학교 교사도 하고 근무하는 회사도 우리회사 근처인 자매였다. 무슨 일로인지 우리 집에 한번 온 적이 있는데 그 자매를 본 누나가 "그 아가씨 누구냐, 아가씨 참 좋아 보이는데 너보기엔 어떠냐?" 고 해서 보니까 참 좋은 자매였다. 그 때 나는 청년회에서는 회장를 하고 주일학교에서도 총각부장을 하던 때라 같은 교회 자매를 사귀는 것은 여러가지로 부담스러웠다. 사귀다가 잘못되면 누군가는 교회를 떠나야 되는 경우도 있고해서 일단 기도해 보기로 마음먹고 기도하기 시작했다. 그 자매를 놓고 기도하며 하나님께 묻기 시작했다.

그러던 중 그 자매가 우리교회 다른 형제와 교제를 한다는 소문이

돌았다. 그래서 기도를 중단했다. 내가 결혼문제를 놓고 기도하는 그 자매가 다른남자와 사귄다는데 더 이상 기도할 필요를 느끼지 않았다. 그러던 중 그자매와 교제 한다는 그 형제가 나에게 한번 만나자는 연락이 왔다. 별로 친하지 않은 형제인데 한번 만나자는 것이었다. 그래서 퇴근 후 만나서 얘기를 나누게 되었다. 그 형제는 그 자매와 사귀면서 나를 의식하는것 같았다. 그 자매는 동양적 이미지의 순진해 보이는 그런 인상의 자매였는데 대화를 하면서 "김 선생님은 어떤 타입의 여성을 좋아 하냐며 자기가 보기에는 동양적인 그런 여성을 좋아하는것 같은데" 하며 바로 그 자매를 놓고 내 마음을 떠보는것 같았다.

그래서, 그렇게 보이세요 사실 다들 저를 그렇게 보는 것 같아요, 그런데 저는 남들이 보는 것과는 달라요 그런 여성보다는 좀 세련되어 보이고 서구적인 그런 여성을 저는 더 좋아합니다 하고 말해 주었다.

나는 이미 하나님의 뜻이 아니라고 생각하고 포기한 사람인데 행여라도 괜히 그들에게 내가 방해가 되고싶지 않아서 였다.

그 형제가 왜 나를 의식했는지는 알 수 없지만 그들에게 걸리는 돌이 되고 싶지 않았다. 그 후 그들은 본격적인 결혼얘기가 오고가며 집에 인사까지 드렸다는 소문을 들었는데 무슨 일인지 모르지만 곧 헤어졌다.

하나님께서 내 기도에 대한 응답으로 그들이 그렇게 그때 잠깐 사귀도록 하셨나 보다 하는 생각이 들었다.

13

첫사랑 이야기

세상을 살아가는 대부분의 사람들은 첫사랑의 추억이 있다. 첫 사랑과 결혼 한 사람도 있지만 대부분 첫 사랑은 실패한다고 한다. 어쩌면 그것이 더 바람직할지도 모른다. 대부분 첫사랑을 경험한 시기는 어린 나이다. 실패한 그때에는 세상이 다 무너지는 것 같았지만 그래도 모두에게 첫사랑은 가슴 설레던 아름다운 추억이다.

나 또한 특별하지 않지만 첫사랑의 추억이 있다. 어려운 가정환경에서 자랐고 힘들게 사회생활을 하고 있어서 이성에 눈 돌릴 겨를없이 살았던 것 같다.

사랑은 이론의 세계가 아니라 감정의 세계이다. 내가 누구를 사랑하려고 마음먹는다고 사랑할 수 있는 것도 아니고 절대로 사랑해선 안 될 사람이라는 걸 알면서도 사랑하는 게 바로 사랑이다. 그래서 많은 문학가나 철학자들이 사랑에 대해 말했지만 사랑에 대하여는 어떠한 정의를 내린다 해도 다 맞는다고 한다. 그것은 모든 사람들이 다 다른 감정과 다른 사랑을 경험했기 때문일 것이다. 그래서 세상에는 그토록 많은 사랑이야기가 있나 보다.

그녀를 처음 만나 것은 회사에서였다. 군 생활을 마치고 작은 사무실에서 일할 때 바로 옆 사무실에서 일하던 자매였다. 약간 작은 키에 예쁘장한 자매였다.

그때 나는 신앙생활을 막 시작해서 불이 붙어있던 시절이었다. 지금까지 내 생애에 가장 열심히 그리고 충만한 삶을 살 그런 때였다. 신앙생활을 시작 하고 성경을 통하여 하나님을 알아가면서 하나하나 삶의 원칙을 정하면서 그 중에 하나 결혼은 꼭 신앙생활을 열심히 하는 자매와 하기로 결심했다.

그것도 교회 다니는 정도가 아닌 열심히 제대로 믿는 자매와 결혼하기로 하나님께 서원했는데 그 자매는 믿지 않는 자매였다.

그런 상황이다 보니 좋아는 하지만 나도 적극적이지 못하고 그는 나한테 별 관심이 없이 지내던 중 그는 직장을 옮겨 떠나게 되었고 나는 스물일곱 살 비교적 젊은 나이에 내 사업을 시작하게 되었다. 그 당시 우리집안 사정은 경제적으로 어려운 가운데 어머니가 암으로 투병 중이서서 형제들은 수입이 많지도 않았지만 모든 것을 어머니 치료에 집중하던 때라 사업을 할 수 있는 기회가 생겼는데 돈이라고는 그전 달 받은 월급 25만원이 전부였다. 약 600만 원정도의 자금이 필요했다. 자금은 없는데 사업을 안 하기도 곤란한 이상한 상황이었다.

매일 새벽 기도와 금요 철야기도를 하면서 길을 찾는데 길은 보이지 않았다. 계속 매달리며 기도하고 금요철야 때에는 많은 성도님들이 함께 기도해 주는 가운데 내가 돈을 빌리려고 생각한 사람들이 있었는데 그 세 사람이 한자리에 모여서 나에게 전화했다.

그래서 한 명씩 차례로 바꾸며 돈 얼마를 빌려 줄 수 있냐고 해보니 약 500만 원 정도 됐고 직장생활 마지막 월급 25만원 그리고 누나네 옆방 세 들어 사는 분들께 20만원 빌려 기적같이 시작했다. 사무실은 묘하게 보증금 없이 월세만 내면 될 상황이 되어서 임대보증금 없이 쓸 수 있게 되었다. 개업식은 못해도 개업 예배를 드리고 싶어서 교회에 부탁했더니 부목사님 한 분과 권사님 한 분 그리고 같은 업종에서 일하는 청년회장 세분이 참석해서 직원 한명과 나까지 모두 다섯 명이 예배를 드렸다. 예배 후 점심식사를 대접하고 나니 주머니에는 단돈 26,000원이 남았다. 한 달 이자가 내가 받던 월급보다 더 많이 나가는 가운데 경험도 부족하고 모든 것이 부족한 가운데 시작한 사업은 정말 기적처럼 마치 이스라엘 백성들이 광야 길을 갈 때 하루하루 만나를 내려 주시듯 필요한 물질은 딱 하루 전이나 당일 기적처럼 채워졌다. 나중에 주변분들 얘기를 들어보니 모두가 얼마 못 가서 망할 것으로 예상했었다고 말했다.

그런 상황에서 큰 돈을 벌지는 못했지만 회사는 빠르게 성장했고 주변에서 지켜보던 분들이 여기저기서 선을 보라는 사람들이 있었지만 마음속에 다른 사람이 자리 잡고 있다 보니 잘 되질 않았다. 그 자매를 놓고 기도하면 하나님은 분명하게 NO라는 응답이 오는데도 그래도 쉽게 포기할 수가 없어서 교제하는 것도 아닌 어정쩡한 가운데 가끔 만나는 그런 상황이었다.

그때 재미있는 사건이 하나 터졌다. 같은 건물 옆 사무실에는 자매들이 몇 명 있었는데 그 중 한 명이 우리 사무실 직원과 친구였다. 어느 날 그 자매가 우리 직원 일이라며 퇴근 후 커피한잔 할 수 있냐고 했다. 그래서 약속을 하고 퇴근 후 약속 장소에 나가 보니 그 직원들 세 명이 같이 앉아 있었다. 우리 직원 얘기는 거짓말이었고 나에게 술 한 잔 사게 할 생각으로 불러 낸 것이었다. 사실 그들과는 서로 옆 사무실에서 일하고 있었지만 서로 눈인사 하는 정도로 지내는 사이였다.

대충 상황 파악은 됐지만 그래도 무슨 일이냐고 묻자 그냥 술 한 잔 하자고 불렀다고 솔직히 말했다. 내가 크리스천이라 술 안하는 것은 알았을 텐데 그래서 기분이 상한 나는 나도 안 마시는 술을 왜 댁들을 사줍니까? 하고 시비조로 말하자 아니 옆 사무실 사람들 커피한잔 사주는 게 그렇게 아까우냐고 말해 아까운데요. 했더니 "야, 커피 값이 아깝단다. 우리가 내자" 하면서 각자 커피 값을 꺼내 테이블 위에 올려놓았다. 순간 내가 그 돈을 얼른 집어 들었다. 그 순간 그들의 얼굴은 흑빛이 되었다. 세상에 뭐 이런 남자가 다 있냐는 표정이었다. "우리가 미스정(우리직원)을 통해서 듣기로는 정말 괜찮은 남자라고 들었는데" 하면서 기막혀 하는 표정이었다. 하지만 나도 물러나질 않았고 오히려 이런 짓 다시는 하지 말라고 말하고 일어서자 그들은 거의 맨붕 상태가 되었다.

기가 팍 죽어 황당하고 어이없어 하는 그들에게 좋다 기왕 이렇게 된 것 맥주한잔 살 테니까 마시고 싶은 사람 따라오라고 했더니 다시 환희에 찬 얼굴로 따라 나왔다. 술집에 들어서자 그들은 생기가 도는 얼굴에 반짝이는 눈빛으로 메뉴판을 보며 신이나서 이것 저것 시키기 시작했다. 조금 전 커피숍에서 당한 복수를 겸해서 이것 저것 마구 주문할 때, 내가 웨이터를 불렀다. "이봐요 웨이터" " 네" 지금부터 내가 하는 말 잘 들으세요. 나는 내가 주문한 것에 한해서 내가 계산하겠습니다. 그러니까 이분들이 주문하는 것 내 오는 것은 당신이 알아서 하세요. 나는 분명히 얘기 했으니까 나중에 나에게 계산하라고 하지마세요" 하고 말하고 "한 사람당 생맥주 오백짜리 하나씩 주구요. 더 마실 사람은 나중에 추가하세요. 안주는 이것과 이것 하나씩 주세요." 하니까 상황을 파악한 웨이터도 웃으면서 "네, 알았습니다." 하고 돌아갔다. 그래서 다시 그들의 계획은 무너졌다. 안주 이거 하나 더 시키자 병맥주 몇 개 더 시키자며 얘기했지만 들은 척도 안하고 정 먹고 싶으면 본인이 돈 내고 사먹으라고 했더니 더 이상 말이 안 먹힐 것으로 판단하고 잠잠해졌다. 그렇다고 내가 아주 싸구려 안주 몇 개 주문한 것은 아니었다. 네 명이 먹을 만큼은 주문했다. 다만 돈은 돈대로 쓰고 멍청이 소리를 듣고 싶지 않아서였다. 술과 안주가 나오자 다시 평온이 찾아왔다. 순진해 보여서 적당히 데리고 놀다 바가지 씌우고 즐기려했던 그들의 계획은 완전히 틀어졌다. 도대체 듣도 보도 못하고 상상도 할 수 없는 내 행동에 어이도 없고 또 당해낼 수 없게 되자 술 한 잔씩 마신 후 대화가 시작되었다.

아무리 못났어도 여자 세 명이 남자 하나 바보 만드는 것은 쉽다고 했는데 이 순진하고 만만해 보이는 사람이라고는 도저히 믿어지지 않는 내 행동에 기가 질린 그들이 말하기 시작했다. 우리가 미스정을 통해 듣기로는 정말 괜찮은 남자라고 들었는데 미스터 김, 미스터 김은 보통여자를 대 할 때 이렇게 대하나요? 도대체 여성에 대한 매너라고는 눈을 씻고 찾아봐도 보이질 않으니 본래 이렇게 매너가 없는 사람인가요? 아니면 우리한테만 이러는 건가요? 도대체 좋아하는 여자는 있나요? 라는 질문들이 쏟아졌다. "아니 이거 왜 이러십니까? 나도 매너 라는게 있는 사람입니다. 근데 오늘 댁들이 이렇게 나왔으니까 오늘은 매너를 전당포에 잡혀놓고 왔습니다." 그러자 "아니 그럼 우리가 솔직하게 술 한 잔 사 달라면 사 줬을 거예요?" 그러고 보니 그 말도 맞네. "그래요. 당연히 안 사줬겠죠. 그리고 나도 좋아하는 여자가 있지 왜 없습니까." 도대체 이런 황당한 남자가 좋아하는 여자는 어떤 여자일까 하는 호기심과 함께 "누구에요?" 하고 물었다. "누구라고 얘기하면 댁들이 압니까. 신경 끄세요." 그래도 이름이라도 말해보세요. 하기에 네 미스G 라고 합니다. 그 순간 한 자매의 얼굴표정이 변했다. 음 ~ 쟤가 나한테 관심 있었나 보군 생각했지만 전혀 내 타입도 아니고 해서 그래 이럴 땐 나에게 미련 갖게 하는 것보다 확실히 꺾어 주는게 서로를 위해서 좋겠다는 생각에 일부러 미스G 이야기를 더 해 주었다.

  그날 그들이 원하는 만큼 술을 사준 것으로 기억한다. 그래서 그들은 원하던 술을 마셨고 나는 돈은 썼지만 바보가 되진 않았다. 그때는 통행금지가 있어서 밤 열두시가 되면 통행금지로 움직일 수가 없을 때였다. 그래서 늦은 시간까지 술집에 있다가 돌아갈 시간에 빠듯하게 맞춰 나오는데 한 자매가 나에게 택시비를 빌려 달라고 한 것 같은데 끝까지 거절했던 것 같다. 아니 여자가 택시비도 없이 무슨 배짱으로 여태까지 있었냐며 빌려 주지 않았던 것 같다. 그래서 다음날 보니 두 사람이 사무실에서 잠을 잔 것 같아 미안했다. 그냥 빌려줄걸. 그런데 그들에게 복수의 기회가 너무 빨리 찾아왔다. 몇 주후 토요일 미스G양과 약속이 있었다. 그래서 토요일 오후에 내 사무실로 찾아 왔는데 나한테 데이트 신청을 받기는 했지만 서로 확실하게 교제를 하는 것도 아닌 애매한 상황이라 그런지 사무실 앞에 와서 바로 들어오지 못하고 문 앞에서 머뭇거린 것 같았다. 그러자 지나가던 옆 사무실 자매들이 "바울기획 찾아 오셨어요?" 하면서 문을 확 열어주고 갔다. 그리고 잠시 후 한 자매가 우리 사무실에 들어와서 옆에 앉아 있는 미스G에게 "혹시 미스G세요?" 하고 물었고 고개를 끄떡이는 그녀에게 할 얘기가 있다며 납치하듯이 데리고 나갔다. "미스G는 자기들이 잘 데리고 있을 테니까 걱정 말고 일 잘 하고 있으라며" 약 올리고 돌아갔다. 머뭇거리는 것으로 보아 손님 같지 않게 느껴졌던 모양이다. 일을 놔두고 쫓아갈 수도 없고 서둘러 일을 마치고 나왔다. 지금 생각해 보니 내가 정말 많이 좋아했고 남들이 사랑하는 사람에게 하듯이 했으면 그 자매와 깊이 교제할 수도 있었을 것 같다.

그 자매 때문에 정말 많이 기도 했다 새벽기도 가기 싫을 때 그런 생각하면서 일어났다. 하나님은 질투하는 하나님이신데 하나님을 제일 사랑한다고 했는데 새벽시간에 그 자매와의 약속이 있다면 그보다 더 이른 시간일지라도 기쁜 마음으로 갈 수 있을 것 같았다. 정말 새벽에 일어나기 싫을 때는 그런 생각을 하며 일어났다. 그 자매와 결혼할 수만 있다면 어떠한 희생이라도 할 수 있을 것 같았다. 하지만 기도하면 하나님의 응답은 언제나 NO였다. 그럼 잠시 기도를 쉬다가 다시 기도하기를 반복하며 신앙과 내 감정 사이에 갈등하며 지냈다. 발람선지자가 발락의 이스라엘 백성을 저주해 달라는 부탁을 들어줄 수 없다는 것을 알면서도 물질에 눈이 어두워 있었던 것처럼 나도 물러서질 못하고 그녀에게 완전히 빠져 있었다. 그날 저녁이었던 것 같다. 옆 사무실에서 무슨 말을 들었을 것이니 이참에 일생에 처음으로 사랑하는 사람에게 프로포즈를 하기로 결심하고 그날 저녁 나하고 결혼해 달라며 멋대가리 없는 프로포즈를 했다. 나를 별로 좋아하지도 않는 그녀에게 내일부터 교회 같이 다니며 교제하자며, 내일은 선약이 있어서 교회에 올 수 없으며 생각해 보겠다는 그녀에게 우리가 정식으로 교제는 안 했지만 알고 지낸 시간이 얼마인데 생각해보냐며 갑자기 용기백배해서 대답하라며 다그쳤다. 그러자 웃으면서 싫다는 그녀에게 싫은 이유 대라며 테이블로 못나가게 막고 시간 보내다 헤어졌다.

그리고 주일을 지내고 월요일 만나자고 했더니 바로 나왔다. 연애 경험도 없고 여자를 모르던 나에게는 헷갈리는 행동이었다. 싫다고 했으면 나오지 말아야지 결국 그 이후 나는 그녀를 스스로 포기했다. 신앙과 사랑의 갈등 속에서 신앙을 택했다. 결혼 전 내가 유일하게 그리고 진심으로 사랑했던 사람이다. 서양 속담에 전쟁에 나갈 때는 한

번 기도 하고, 바다에 나갈 때는 두 번 기도하고, 결혼할 때는 세 번 기도하라는 속담이 있다. 전쟁은 적과의 싸움이고 바다는 자연과의 싸움이라면 결혼은 가장 사랑하는 사람과의 싸움?인지 모른다. 그래서 결혼은 어쩌면 우리의 인생에서 가장 큰 모험인지 모른다.

87년 12월 13일 그녀가 결혼한다는 소식을 들었다. 마음속으로 포기는 했지만 그래도 한편으로 서운했다. 주변 이야기를 들어보니 제일 열심히 쫓아다닌 사람과 결혼하는 것 같았다. 결혼식 전 그녀와 그 당시 함께 일하던 사람들과 같이 만나 저녁식사했다. 그리고 결혼식이 주일이었는데 주일학교 예배만 드리고 그녀의 결혼식장에 카메라 들고 갔다. 내가 구원의 확신을 가진 후 주일 예배를 드리지 못한 게 몇 번도 안되는 걸 생각하면 파격적인 행동이었다. 전에 몇 번 함께 낯이 익은 그녀의 친구도 그것이 나에게는 얼마나 파격적인 행동인지를 알고 있는지라 결혼식장에 나타난 나를 보고는 와~ 어떻게 일요일인데 오셨네요. 하면서 놀라는 표정이었다. 나는 그녀의 결혼식 사진을 신부 대기실에서부터 모두 촬영했다. 결혼식이 끝나고 폐백사진까지 촬영하고 나니 너무 늦어서 식당도 다음 팀으로 바뀌어 밥도 못 먹고 돌아왔다. 하긴 폐백 사진까지 촬영하다보면 특별히 챙겨주지 않으면 대개 밥을 못 먹는다. 그리고 그 사진으로 예쁘게 앨범을 편집했다. 편집하는 데만 하루가 걸릴 만큼 정성을 다했다. 그리고 그 앨범과 함께 필름을 그녀에게 전해주었다. 최소한 밖으로 드러난 그녀의 모든 흔적을 지웠다. 그녀와 같이 찍은 사진이 몇장 있던것도 내가 결혼하면서 모두 찢어 버렸다. 사람들은 지난날을 추억할때 남자는 자기가 사랑했던 사람을 기억하고, 여자는 자기를 사랑해 준 남자를 기억한다는데 그녀는 나를 어떻게 기억하는지 궁금하다. 그래도 자신에게 결혼하자며 프로포즈한 남자이니까 기억은 하겠지. 몇 년 전 아내를 떠나보낸 후 그녀를 한번 볼 수 있는 기회가 있었다. 그러나 나는 그 자리에 나가지 않았다. 많은 사람들이 어린시절의 사랑했던 사람을 중년이 되어 만나서는 너무나 변한 모습에 실망하여 내가 좋아했던 사람이 정말 저 사람인가 하고 실망하며 차라리 만나지 말걸 하고 후회 할까봐서가 아니었다. 그녀의 성격으로 보아 펑퍼짐한 아줌마의 모습은 아니겠지만 별로 멋없이 끝난 내 첫사랑의 추억은 그냥 이대로 남겨놓고 싶었다. 비록 이뤄지지 않았지만 그래도 내 젊은 날의 아름다운 추억이기 때문이다. 앞으로 살아가면서 우연히 만난다면 굳이 피하지 않고 차 한잔 할 수는 있겠지만. 어쩌면 추억은 추억으로 남아 있는 게 가장 아름다울 수 있다.

14

자녀를위한 기도

결혼을 한 후 장모님께서는 나와 전화통화를 할 때마다 좋은소식 없느냐며 자식이 생기지 않았나 하는 말씀을 하셨다. 신혼 초여서 급할 것도 없는데 자꾸 그러셔서 나는 내가 나이가 많아서 그러시는 줄 알았는데 장모님 말씀하시는걸 들어보니 믿음이 없는 분이시니 어디가서서 우리 사주와 궁합을 보신 것 같았다. 아내가 결혼전 내 생년월일을 알려달라고 한적이 있었다 장모님이 궁합을 볼려고 그러시는것 같아서 내가먼저 책으로 우리 궁합을 봤다 어자피 궁합이 나빠도 나는 결혼 할건데 괜히 나쁘게 나오면 걸림돌이 될것 같으면 둘이 잘맞는 좋은사주로 우선 넘어갈려고 했는데 다행이 아주 좋게 나왔다 아니 내짐작이 맞다면 오히려 나를 놓치지 말라고 했을것이다. 그런데 장모님이 궁합을 본 그곳에서 자식이 귀하다고 한 것 같았다. 그래서 염려가 되어 자꾸 그러시는것 같았은데 장모님의 염려와 다르게 첫째 아이는 결혼 1년후에 태어났고 둘째는 두 살 터울로 태어났다.

김동호목사님께서도 첫 아이가 태어 났을때 차에서 내려 얼마 안되는 거리를 한번도 걸어가 본적이 없다고 하셨는데 나역시 그 못지 않았다. 첫 아이가 태어났을 때였다. 하루는 막내 처제가 이종사촌과 함께 우리집을 방문하였다. 언니가 결혼을 해서 조카가 태어 났으니 사촌과 같이 우리 집을 방문하는데 나와 같은 지하철 같은칸에 탔다고 했다. 나는 그들을 보지 못했는데 그들은 나를 본 모양 이었다. 그런데 내가 책을 하도 열심히 읽고 있어서 방해가 될까봐 지하철에서 내리면 인사를 하기로 했단다. 그래서 정거장에서 내려서 보니 이미 나는 계단 끝에 올라가 있고, 밖으로 나와서 보니 얼마나 빠르게 갔는지 보이질 않더란다. 지하철에서 나와 20여미터 지나면 한 300여미터 되는 언덕길이 있었다. 그 길에 와보니 나는 이미 저 멀리 가고 있더란다. 그래서 집에 도착한 그들은 "형부 아기가 그렇게 보고 싶었어요."하며 이 얘기를 해줬다.

나는 자녀를 위해서 하나님께 이런 기도를 했다. 하나님 둘을 주실거면 첫째는 딸을 주시고 둘째는 아들을 주세요 하고 기도 했는데 그대로 됐다.

나는 성인이 되어 예수님을 믿었으므로 모태에서부터 신앙을 가진 사람들, 그리고 어려서부터 부모의 기도 속에 자란 이들이 부러웠다. 그래서 나는 우리 아이들을 위해 많이 기도해주기로 마음 먹었다. 내가 아는 분 중에는 초등학교도 못 나오시고 한글도 제대로 못 읽으시는 분이 있었는데 아들이 목회자의길을 가자 믿음이 없을 때에는 그렇게 반대하고 싸우시더니 믿음을 갖고 나서는 남들은 아들을 위해 몇 십년씩 기도했는데 자신은 기도하지 못했다며 매일 새벽기도와 철야기도, 그것도 모자라 하시던 일까지 그만두시고 기도하시는 모습을 보았다. 나는 그렇게 까지는 못하더라도 아버지로서 자녀를 축복하며 기도하고 싶었다. 자녀를 위한 기도하면 맥아더 장군의 기도가 떠올랐다

맥아더 장군의 아들을 위한 기도

 제 아이를 이런 사람으로 자라게 하소서.

자신이 약할 때를 분별할 정도로 강하고, 두려울 때 맞설 만큼 용감하고,

정직한 패배에 부끄러워하지 않고 의연하며,

승리에 겸손하고 온유할 수 있는 사람이 되게 하소서.

소망이 실천을 대신하지 않는 사람으로 키워 주소서.

자신을 아는 것이 참된 지혜임을 알게 하소서

그를 평탄하고 안이한 길로 인도하지 마옵시고,

폭풍우에 맞서 용감히 싸울 줄 알고 패배를 가엾게 여길 줄 알게 하소서.

남을 지배하려 하기 전에 먼저 자신을 다스릴 줄 알고,

웃을 줄 알면서도 우는 법을 결코 잊지 않게 하시고,

미래를 내다보는 동시에 과거를 잊지 않는 아이가 되게 하소서.

이 모든 것을 다 이루어 주신 다음에,

늘 진지함을 잃지 않으면서도 지나치게 심각한 사람이 되지 않게

하소서.

참된 지혜는 열린 마음과 소박함에 있음을 알게 하소서.

누구나 부러워하는 기도이지만 나는 우리 아이들을 위해 이처럼 거창한? 기도는 하지 못했다. 아이들이 어렸을 때는 대부분의 부모가 그런 것처럼 나도 건강과 지혜을 주시길 기도했다. 그리고 어디를 가든지 사랑받고 자라기를 기도했고 보통 사람들보다 조금 특별한 기도를 했다면 자신의 달란트가 무엇인지를 알고 그 달란트를 활용하며, 자신이 좋아하는 일 신나게 하면서 살기를 기도했다. 내 친구들이 나를 보고는 "너는 니가 좋아하는 일 제대로 찾아서 하는구나." 했고 실제로 나 자신도 내가 좋아하는 일을 하니까 힘들어도 즐겁게 할 수 있었던 것 같았다. 사람이 평생 살아가면서 적성에 맞지 않는 일을 하며 산다는 것은 힘든 일이라 생각한다.

그리고 아이들이 자라서 학교에 들어갈 때에는 좋은 스승을 만나길 기도했다. 대부분 좋은 선생님들이지만 혹시라도 이상한 선생님 만나서 고생하지 않고 학교생활 잘 했으면 해서였다. 아내는 학기 중 한번씩 담임 선생님을 한번씩 찾아뵙곤 했다. 아내도 교육위원회에 근무하다보니 사전에 담임선생님 찾아뵐 때 어떻게 하는 게 좋은지 주변 분들에게 조언을 듣고 적당한 선물을 들고 찾아 뵙는것 같았는데 다녀올 때마다 아이들 담임선생님이 참 좋으신 분이라고 말하곤 했다. 내가 좋은 교사 만나기를 기도한다는 것을 아는 아들 녀석은 고3이 되던 해 나에게 이런 말을 했다 "아빠 이번 담임선생님도 데게 좋은분 같아요."그것은 아빠가 기도한 대로 응답 되었다는것을 나에게 알려주고자 하는 말이었다. 또한 좋은 친구 만나고 우리 아이들도 그들에게 좋은 친구가 되어주길 기도했는데 아이들이 친구들 얘기를 하는걸 보면 다들 좋은 친구였다. 특별히 아들 녀석은 성격이 까다롭고 사교적이지 못한것 같아서 걱정을 했는데 오히려 성격좋고 사교적인 딸 아이보다 더 다양하고 많은 친구들이 있었다. 어릴 때는 키가 매우 작았는데도 친구들은 머리 하나가 더 있는 아이들이 많았다. 녀석이 축구를 비롯해 모든 운동을 잘하다보니 친구가 많아서 참 다행으로 생각했다. 교회에 한 여자 집사님이"요한이는 성격이 참 좋은가 봐요 우리애가 자주 어울리는 아이들 중에 싸우지 않은 유일한 애가 요한이예요."해서 우리 나머지 식구들은 벙~쪄서 웃은 적이 있다. 딸 녀석은 "요한이가 성격이 좋다니?" 하며 어이없어 했다.

　딸 아이가 고3 때였다. 나는 아이들 진로 문제는 그들 스스로 결정하도록 했는데 갑자기 이 녀석이 영화 편집일을 하고 싶단다 나는 우리 아이들이 직업은 기왕이면 남들 쉴 때 같이 쉬고 인생을 여유롭게 사는 직업이었으면 했는데 전혀 뜻밖이었다. 나는 그림 그리는 것도 좋아하고 사진 촬영등 주로 예능쪽을 좋아한다.　총각시절에는 80년대에는 우리나라에서 개봉한 외화는 다 볼만큼 영화광이고 예능쪽에 달란트가 있다는 생각이 들었지만 우리 아이들은 그런 쪽과는 거리가 먼줄 알았는데 그게 아니었나보다 그래서 딸 아이는 광운대 영상학과에 진학하기로 했고 그 과는 외국어 3등급에 면접만으로 시험을 보기 때문에 영어를 비교적 잘하는 딸 아이에게는 절대로 유리했다. 그런데 이게 웬일인가 수능에서 딸 아이는 외국어 4등급을 맞았다. 딸아이가 지금까지의 시험점수 중 가장 낮은 점수였다.

그래서 컴퓨터공학과에 입학했다. 대부분의 사람들은 오히려 더 잘됐다고 생각했고 나도 그렇게 생각했다. 그런데 학교를 잘 다니는 줄 알았던 아이가 한 학기를 마치고 휴학을 하겠단다. 이유는 전공이 자신과 맞지 않으며 지방에 있는 모 전문대에 가서 영상학과에 다시 입학해 영화 편집일을 하고 싶다는 것이다.

황당했지만 그래도 항상 자기 좋아하는 일 하며 살게해달라고 기도한 아빠가 안 된다고 할 수도 없어 생각해 보자고 한 후 딸 아이와 친하게 지내는 사촌 언니에게 전화를 했다. 그랬더니 안나가 점수도 전공과목이 제일 낮고 학과가 안 맞아서 사실 다시 시험보고 싶은데 아빠가 허락을 안할 것 같다고 했단다. 그래서 휴학을 허락했다. 허락을 한데에는 나도 생각이 있어서 였다. 내가 보기에 딸아이 머리속에 딴 생각이 있어서 공부를 열심히 하지 않는 것 같았고 이 아이가 전공을 바꾸던가 아니면 그쪽을 포기하고 돌아 온다면 얼마든지 잘 할수 있는 아이라는 생각에서 였다. 그 해 시험에서 원하던 학교에 합격은 했지만 그냥 광운대 컴퓨터공학과로 돌아가기로 했다. 그때 딸아이와 그런 얘기를 했다."안나야 니가 영어 만점 맞는것도 어렵지만 4등급 받은 것도 기적이다. 네가 알다시피 우리는 하나님께 기도할 때 너에게 가장 좋은 길로 인도해 주시길 기도했는데 예상하지 못했던 컴퓨터 공학과에 간 것은 하나님의 뜻이라는 생각이든다. 이제 복학하면 더 노력해서 장학금 100% 받을 수 있도록 노력했으면 좋겠다"고 했더니 그러겠노라고 했다.

이제 스물 세살, 스물 한살이 된 아이들을 보면서 느끼는 것은 이 아이들이 내가 원하고 바라던대로 된것은 아니지만 큰 틀 안에서 볼 때 아빠 기도의 틀안에서 자라는 것처럼 느껴진다.

지금은 아들을 위해 기도할 때 군 생활 잘하기를 기도했는데 지난 번 훈련 5주 마치고 수료식 때 가서 만나보니 아들 녀석은 훈련소 생활을 내가 예상 했던 것보다 잘 하고 있었다. 딸 아이도 같은 느낌을 받았다. 또한 좋은 상사와 선후배 그리고 동료를 만나서 군생활 무사히 잘 하고 군생활을 통해서 성숙해진 모습으로 돌아오기를 기도하고 있고, 대학3학년인 딸아이는 학생시절 지혜롭게 미래를 잘 준비해서 사회에 나갔을때 어디를 가던지 인정받고 사랑받으며 졸업할 때 딸아이가 원하는 좋은 직장에 일찍 취업하기를 기도하고 있다.

또한 이들의 배우자를 위해 기도할때는 큰 원칙만을 놓고 기도한다. 내 아이들이 믿음과 성령이 충만한 가정에서 자란 성령충만한 배우자를 만나서 행복한 삶을 살 수 있기를 기도한다. 그리고 더 구체적인 기도는 하지 않았다. 그것은 이제 내 아이들이 자라서 스스로 생각하고 고민하는 가운데 자신의 배우자를 찾고 기도하며 결정하게 하므로 자신의 길을 개척해 나가게 하기 위해서이다. 그리고 그런 과정을 통해 하나님을 경험하고 더 성숙해지기를 바라기 때문이다.

15

순교만큼 힘든 일

오래전에 읽은 만화 내용 중 이런 이야기가 생각난다. 가난하지만 서로 사랑하는 청춘남녀가 있었다. 서로 진심으로 사랑했고 장래를 약속한 그 시대의 평범한 연인 이었다. 그런데 이 남자가 돈많은 부자 여자를 만나게 되며 옛날 여인을 배신하게 된다.

당연히 옛날 여인은 실망을 하고 그 남자를 만나려 하나 만나기조차 어려운 가운데 어렵게 그남자를 만났다. 그 남자가 옛여인에게 이런말을 한다. "나 너 사랑한다 그러나 이제 가난이 싫다. 너와 함께 이 자리에서 같이 죽자면 죽을 수 있다."며 극약을 보여 준다. 약을 먹고 너와함께 죽을수는 있지만 다시 가난한 삶으로 돌아가지는 않겠다는 남자를 여자는 울면서 보내주는 그런 내용의 만화였다.

성도로서 살다가 주를 위해 순교하는것은 크리스찬으로서 최고의 영광 이라고 생각한다.

그러나 그 보다 더 힘든 것은 평생을 주님의 영광을 위해 사는 것이라 생각한다.

우리의 모든 삶의 목표가 하나님의 영광을 위하여 사는것은 어쩌면 한 번 순교하기보다 더 힘이 들 수도 있기 때문이다. 물론 순교 하신 분들은 그러한 순교자적인 삶을 사셨기 때문에 순교해야 할 때에 순교의 길을 가셨으리라 생각한다.

오늘날 우리가 사는 세상에서 보통사람들에게는 순교해야 할 상황은 별로 없을 것이다. 그러나 순교자적인 삶을 살수 있는 길은 많이 있으리라 생각한다. 그러나 우리 대부분의 크리스찬들은 큰죄에 빠지지 않고 사는 것만도 다행으로 생각하고 살고있다.

예수님을 영접한 후 지난 30여년 동안 주변으로부터 예수님 잘 믿는다는 칭찬을 들으면서 살아왔다. 그럴 때 마다 솔직히 하나님 앞에 부끄러웠다. 나는 최소한의 삶밖에 드리지 못하고 있는데. 왜 내가 그런 칭찬을 들어야 할까? 가끔 생각해봤다. 내가 정말 예수님을 잘 믿는걸까?

사람들은 나의 무엇을 보고 믿음이 좋다고 하는 것일까?

십일조 웬만한 성도는 다 하는 것이고 기도생활 지금 나는 아침에 일어나면 기도로 하루를 시작하고, 봉사생활 주일학교 교사 30년째 하고 있고 아버지학교 스태프로 섬기다보니 많은 시간을 아버지학교를 위해 쓰고 있고 정직하고 바르게 살기 위해 노력하고 있다. 하지만 이 정도 신앙생활 하는 사람이 그런 칭찬을 들어도 될까?

나는 항상 주님 앞에 나의 최소한의 삶밖에 드리지 못해서 아쉬울 뿐인데, 내가 칭찬을 받는것은 지금 이 세상에 엉터리 성도가 너무 많기 때문에 어쩌면 최소한의 삶밖에 드리지 못하는 내가 믿음이 좋아 보이는것은 착시현상이 아닐까? 생각해 본다.

　예수믿는 사람이 말씀과 기도로 하루를 시작하는것은 어쩌면 당연한것 아닌가? 교사로 섬기고 아버지학교 스탭으로 섬기고 정직하게 살려고 노력하는건 성도의 당연한 삶의 태도가 아닐까? 주님앞에 믿음대로 반듯하게 사는 사람들, 그리고 주를 위해 더 헌신하며 사는 크리스찬들이 더 많아서 지금 나 정도 믿음생활 하는 사람은 그저 평범한 신앙이 취급받는 그런 세상이 됐으면 좋겠다.

　그리고 평생을 온전히 주님께 드리며 한 번의 순교보다 힘든 평생의 믿음을 지키며 사는 그런 분들이 많이 있기를 바란다.

16
부끄러운 기도

　어떤 사람이 하나님께 기도 하였다. "하나님, 하나님은 하루가 천년 같고 천년이 하루 같으시니까 천억원도 일원 같으시죠? 저에게 일원만 주세요" 하나님께로 부터 즉각 응답이 왔다. "알았다, 하루만 기다려라."

　우리의 기도는 참 많이 이기적이고 때로는 하나님께 기도라기 보다는 꼭 거래하는 것 같을 때가 많이 있다. 하나님 제게 무엇 무엇 해 주시면 저도 어떻게 하겠습니다 등, 좋게 말하면 서원이지만 솔직히 말하면 부끄럽게도 거래에 가까운 경우가 참 많은것 같다.

　어느 날 혼자 집에 있을때 잠자리에 들기전 기도를 마치고 TV를 보다가 이런 생각이 들었다. 만일 하나님께서 지금 나에게 나타나셔서 '내가 네 소원을 들어 줄테니 소원 3가지만 말해 보거라.'하신다면 솔직하게 무엇을 구할까?

　내 머리속에 떠오르는 생각은 첫째 돈 좀 왕창 벌었으면 좋겠고, 둘째 두 아이들이 잘자라서 훌륭한 사회인이 됐으면 좋겠고, 셋째는 좋은 사람 만나서 재혼해서 남은 삶도 행복하게 살고 싶었다. 그런 생각을 하고 나니 아무도 보는 사람이 없는데도 너무나 부끄럽고 얼굴이 화끈거렸다. 그런데 그게 내 솔직한 마음이었다.

　그 어디에도 그동안 기도했던 하나님의 나라도 의도 없었다. 정말로 하나님 앞에 부끄러웠다. 주변에서 믿음 좋다는 말을 많이 들은 나인데 도대체 그 믿음은 어디가고 내 소원은 하나님을 알지 못하는 사람들과 똑같다는 말인가.

　아무도 보는 사람이 없는데 얼굴이 달아 오르고 부끄러웠다. 잠시 허탈한 생각 속에 있는데 그래도 나를 위로해 주는 생각이 있었다. 그것은 내가 세상 사람들과 똑같은 이런 소원을 가지고 있지만 내가 바라는 이 소원이 하나도 이루어지지 않는다 할지라도 하나님을 원망하지 않고, 하나님의 나라와 의를 위해 노력하며 감사하며 살 수 있을 것 같았기 때문이다. 좀 더 고상하고 위대한 기도 제목을 가지고 기도하며 살면 더 좋겠지만 아직도 나의 믿음은 그리스도의 장성한 분량에까지 자라기는 아주 멀었나 보다.

17

기도습관

　믿는 사람들에게는 누구나 기도의 습관을 가지고 있다고 생각한다. 나는 기도 거의 안하는데 하는 사람도 있겠지만 하다못해 식사할 때 고개라도 한번 숙이고 눈 한번 감았다가 뜰만큼 우리에게는 기도 습관이 있다.

　때로는 수저 들고 식사를 하려다 보면 내가 식기도 했나 안했나 헷갈릴 때도 있지만 그럴 때는 땡큐 하나님 전과 동 하고 먹을지라도, 예수님께서는 십자가를 지시기전 산에서의 기도는 십자가를 앞두고 특별 철야기도를 하신게 아니고 습관에 따라 기도하러 가셨다. 기도의 내용은 특별 했지만 평상시의 습관에 따라 기도하셨다. 지금 내 신앙상태는 기도생활을 제대로 못하고 있다는 생각이 든다. 그래도 매일은 아니지만 이름을 부르며 중보 기도하는 사람의 수가 백 명이 조금 넘었다. 자세히 그리고 간절히 기도하지는 못하지만 그래도 주 5회 정도는 이 분들을 위해 기도하고 있다.

내 기도 습관 중에는 오랫동안 교사를 하다 보니 아이들을 위해 기도하는 습관이 있다. 처음 교사할 때는 메모지 앞면에 그 주의 공과제목과 목표, 요점을 적고 뒷면에는 아이들 이름을 적어 틈 날 때마다 기도했던 기억이 난다.

주일학교 부장을 하면서는 교사들을 위해 기도했다. 그 습관은 이제 몸에 배여서인지 높은뜻숭의교회에 와서도 계속 되었다. 부장은 아니었지만 전도사님과 교사를 위한 기도를 매일 하는 나를 발견 했다.

푸른교회로 분립한 후 청소년부 교사 첫 MT때였다. 그때 교사 숫자가 12명으로 기억하는데 다른 교회와 달리 대부분 서로 모르는 사이였다. 그래서 한 달 정도 같이 지냈지만 서로의 이름도 잘 몰랐다.

그때는 전도사님만이 모든 교사의 이름을 외우고 있었다. 그때 서로 저 교사 이름이 뭐죠 하며 눈치를 볼 때 내가 모든 교사들의 이름을 외우고 있는 것을 보고 교사들이 신기해했다. 그 이유는 간단하다. 그때까지는 내가 청소년부 부장은 아니었지만 습관에 따라 교사들을 위해 기도하다보니 모든 교사의 이름을 외울 수밖에 없었다.

청소년부 부장을 할 때에는 교사만 50여명이 되다보니 이름을 다 외우는 것도 힘들었다. 그래서 처음엔 명단을 보고 기도하다 부장단 행정팀 예배팀 중1~3 고1~3 담임선생님 이렇게 순서를 정해놓고 기도했다. 교사들 현재 상황을 잘 모르므로 학생이라면 지혜롭게 공부

하기를 미혼인 교사를 위해서는 결혼 기도를 가정이 있는 분들은 가족과 그들의 삶의 터전을 위해 기도하고 관심을 가지고 그들을 살펴보면 평상시 그들의 대화 속에서도 그들의 기도제목을 발견할 수 있었다. 나와 직접대화가 아닐 찌라도 다른 사람과의 대화 속에서 이분은 이런 기도제목이 있구나. 혹은 이런 생각을 하고 있구나 생각하며 그렇게 기도한다.

기도 생활을 하다보면 갑자기 어떤 특정한 부분에 대해 갑자기 간절한 기도가 될 때가 있다. 작년이었다 교회를 위해 기도하는데 갑자기 주일학교 예배공간을 위한 기도가 간절히 나왔다. 새벽기도를 마치고 나오면서도 왜 갑자기 이런 기도가 되는 걸까 생각 했는데 그 후 서울고 지하공사를 하게 되어서 공간문제가 많이 해결되었다. 주변에 있는 분 중 꽤 오랫동안 직장이 없이 지내시는 분이 있었다. 직장이 있어도 살기 어려운 세상에 얼마나 힘들까 하는 생각에 그분을 위해 기도했다. 그리고 그후 우연히 그분이 취업 했다는 소식을 들었다. 나는 그 일들이 나의 중보기도 때문만으로 이루어졌다고는 생각하지 않는다. 하지만 하나님은 나를 비롯해 본인과 기도해 준 사람들의 기도를 통해 일 하신다고 생각한다.

중보기도의 어려움 중에는 기도 하면서도 내 기도가 하나님께 응답되는지 아니지 확인 할 수 없는 경우가 많기 때문이다. 그래서 이런 일들이 일어날 때마다 하나님께서는 내 기도에 응답하시는구나 하는 생각을 하게 된다.

지금까지 살면서 정말 중요한 문제를 결정 할 때는 주로 철야기도를 통해서 결정했다.

사업을 시작할 때, 배우자를 결정할 때, 교회를 옮길 때 등, 지금은 금요기도회가 8시에 시작해서 10~10시30분쯤 대부분 끝난다. 그래서 실제 어떤 문제를 놓고 깊이 기도하는 게 어렵다.

나는 최근에는 금요기도회는 주로 영락교회에서 한다. 8시부터 찬양을 시작하여 10시쯤 끝난다. 그래서 7시쯤 교회에 가면 대개 찬양팀이 연습중이고 몇몇 분들이 뛰엄 뛰엄 앉아서 기도한다. 나도 2층 한쪽에 자리 잡고 1시간 정도 개인 기도를 하곤 한다.

그리고 영락기도원도 우리집에서 10분 정도 거리여서 토요일날 별 스케줄이 없을 때에는 가끔 영락기도원을 찾는다. 12시에 시작해서 2시쯤 끝나는데 이곳 역시 1시간정도 일찍 가면 찬양팀이 연습 중이므로 웬만큼 소리를 내도 찬양소리에 묻혀 남들에게 방해되지 않아 편안하게 기도 할 수 있어서 좋다.

내가 새롭게 시도했는데 잘 안되는 게 있다. 매일 잠자리에 들기 전 오늘 내가 만난 사람이나 소식을 들은 사람들 중에 가장 어려움을 겪고 있는 사람을 위해 기도하려고 하는데 이상하게 잘 되질 않았다. 그래서 지금은 나와 내 가족을 위해 기도한 후 현재 내가 알고 지내는 분들 중에 어려움을 겪는 분들을 위한 기도순서를 따로 하고 있다.

암 투병중인 거래처 사장님, 그리고 아버지학교 형제, 극심한 경제적 어려움을 겪고 있는 몇 명의 형제들, 그리고 젊은 나이에 중풍으로 쓰러졌다는 소식을 들은 사람 등이 현재 기도하는 사람들이다. 2년 전 여름 수련회 때 목사님께서 개회 예배 때 나에게 말씀 전할 기회를 주서서 그때 이런 제안을 했다. 우리 매일 자기 나이만큼 기도하자고 17세는 17분 스무 살은 20분 그러면서 애들아 내 나이가 몇 살인지 아니? 하고 물었더니 한 녀석이 내 나이를 정확히 알고 있었다. 그래 선생님은 오십대 후반이다. 그래서 하루에 한 시간 정도 기도하고 있다고 했다. 그때는 열심히 새벽기도 할 때라 그랬는데 요즘은 제대로 못하는 것 같다.

그래서 아침에 제대로 기도하지 못한 날은 출근할 때 지하철 보다는 버스를 탄다. 우리집이 버스 종점 근처라 버스를 타면 자리에 앉을 수 있다. 자리에 앉아 조용히 눈감고 아침에 못한 기도를 하면서 출근한다.

집에서나 교회에서 하는 만큼 집중하여 깊게 기도할 순 없지만 평상시 정해놓고 하는 중보기도를 하는 데는 별 어려움이 없다.

우리나라에서는 기도에 관한 책이 비교적 잘 팔린다고 한다. 그런데 그 이유 중 하나가 기도생활을 잘 못하는 성도들이 책이라도 읽으면서 나는 그래도 이렇게 기도하기 위해 노력이라도 했어 하면서 위로받기 위해서란 얘기를 들은 적이 있다. 내 책장에도 기도에 관한 책이 꽤 많이 있다. 그러고 보니 그 책들의 대부분 내가 성실하게 기도할 때 더 잘 하려고 읽은 책들이 아니고 기도생활 제대로 잘 못할 때 구입한 책들인 것 같다.

그래도 그 책들은 유익하다 내 기도생활이 너무 나태해질 때는 그 책들을 다시 읽으며 다시 힘을 얻어 기도의 자리로 돌아가기도 한다. 예수님께서도 습관에 따라 기도하셨고 중요한 결정을 하실 때는 밤을 새워 기도하셨다.

요즘은 한국 교회가 점점 기도의 힘을 잃어가고 있는 것 같다. 이제 밤샘을하는 철야기도하는 교회를 찾기 어려워졌다.

꾸준히 기도하는 되는 새벽기도회가 가장 좋았고 깊이 기도하며 하나님의 음성을 듣고 싶을 때는 철야기도가 가장 좋았다. 새벽기도회와 철야기도회는 우리 한국교회의 좋은 전통인데 점점 약해져가는 것이 아쉽다. 남을 탓하기 전에 나 자신이 먼저 기도의 자리로 돌아가야겠다.

18

주일학교 이야기

내가 교사를 할 수 있도록 처음 불러주신 분은 그 당시 유·초등부의 부장 집사님이셨다. 벌써 오래 전에 같이 섬기던 교회를 떠났고, 새로운 교회에서 장로로 충성스럽게 섬기고 계시는 것으로 알고 있다.

그 분은 본래 미술을 전공하셨는데 뛰어난 행정능력이 있는 분이셨다.

벌써 30년 전인데도 운영안을 만들어 인쇄해서 쓰셨다. 지금처럼 컴퓨터나 프린트가 없었으므로 가리방을 끌어서 운영안을 등사기로 인쇄했다. 나중에 내가 주일학교 부장이 된 후에도 그 운영안은 주일학교를 운영하는 데 많은 도움이 되었다.

이 분은 교사들에게 일을 시킬때에 항상 능력 이상의 일을 맡기셨다. 못한다고 말하면 일단 맡고 자기를 찾아오면 가르쳐 주고 도와 주겠다고해 그런 과정을 통해서 교사로서 또한 그리스도인으로 성장해

가게 하셨다. 그런 좋은 부장선생님을 만났으므로 아무것도 모르고 그저 열심 하나 뿐이었던 내가 교사를 계속 할 수 있었고 또 성장 할 수 있었다고 생각한다. 그리고 20년이 넘게 나도 주일학교 부장을 해 왔지만 그분을 생각할 때마다 많은 부족함을 느끼고 내가 좋은 부장이 되지 못하는 것 같아서 교사들에게 미안한 마음이 든다.

그 당시에 금요철야 기도회 중 한달에 한 번 교사 주최 철야기도회가 있었다. 지금처럼 8시 시작해서 10쯤 끝나는 그런 기도회가 아니라 밤 11시에 시작하면 새벽 5시까지 하고, 5시에 새벽기도까지 하는 지금과는 비교가 안되는 그런 기도회였다. 그때 부장집사님 부부에게는 어린 자매가 있었는데 아이들이 너무 어려서 집에 두고 올 수가 없으니까 철야기도를 할 때 마다 아이들을 데리고 오셨다. 아이들을 의자나 책상위에 재워놓고 기도하는데 젊은 우리들에게 그 자체가 많은 도전이 됐다.

그 모습을 보면서 나도 결혼해서 가정을 이루고 자녀가 생긴다면 이 분들처럼 열심히 섬기기로 마음먹었고 또 실제로 결혼하여 가정을 이루고 자녀가 태어난 후에 나와 아내도 똑같이 실천을 했다.

우리교회는 매주 기도원에가서 철야기도회를 했다 기도원이 운천이므로 왕복하는 데만 3~4시간이 걸렸다. 그때 우리도 두 아이를 데리고 다녔다. 아이들은 차에 타는 순간 잠이들면 기도원에 도착했을 때 잠깐 눈을 뜨고 아침까지 그냥 잠만잔다. 아이들이 조금 자란 후 "너희들 집에서 그냥자면 안되겠니? 너희들 차에 타자마자 잠들면 아침까지 잠만 자잖아. "했더니," 싫어 그래도 엄마따라 갈꺼야" 했다.

그래서 나도 아내도 두말하지 않고 데리고 다녔다. 훗날 아이들이 어른이 되었을 때에 어렴풋이라도 엄마 아빠가 철야기도 갈때 기도원에 같이 다녔던 추억을 가지고 있다면 그것도 아들에게 좋은 추억이 되리라 생각해서였다.

사람이 살아가면서 누구를 만나느냐 하는 것은 정말 중요하다. 내가 그런 좋은 부장선생님을 만난 것은 하나님이 주신 축복이라고 생각한다.

그 자매 선생님은 나와 동갑내기었다 고등학교 졸업후 20세때부터 교사를 시작했고 집에서는 8번째 딸로 태어나는 바람에 아들을 바랐던 부모들에게 처음부터 환영받지 못했다고 했다. 농담인지 진담인지 모르겠지만 자신이 태어났을때 뒤집어 눕여서 죽을뻔 했는데 이모님이 보고 제대로 눕혀서 살았다고 했다. 그래서 그런지 그 자매의 얼굴은 약간 어두워 보였다. 하지만 그의 교사로서의 헌신을 따라갈 수가 없었다.

그가 결혼해서 우리교회를 떠날때까지 10여년 동안 주일학교 오전 오후 예배 합해서 딱 한번 주일학교 예배에 참석하지 못했다고 했다. 오후예배에 나오다가 엄마와의 말다툼 때문에 그런 마음으로 예배를 드릴수가 없어서 였다고 했다. 이처럼 이름없이 빛도없이 주님에 일을 감당해 준 충성스런 교사들이 있었기에 오늘의 한국교회가 있을 수 있다고 생각한다.

그는 본래 매우 소극적이고 수줍음이 많은 성격이었다고 했다. 그런데도 아이들에게 엄하면서도 자상한 그런 선생님이었다 공과를 가르칠때 보면 대학노트용지에 빽빽하게 메모된 공과내용을 성경책에 끼워넣고 가르쳤고 20명 가까운 반아이들이 꼼짝하지 않고 분반 공부하는 모습을 볼 수 있었다. 지금은 초등학생들도 핸드폰을 가진 시대이지만 그 시대에는 집집마다 유선전화도 없던 시절이었다. 그래서 셋방살이 하는 아이들을 전화심방을 하려면 주인집에 전화를 걸어 죄송하지만 옆방에 사는 누구누구 좀 바꿔달라고 하는 그런 시절이었는데 그 선생님은 토요일마다 동전을 잔뜩 바꿔서 공중전화 박스에서 몇 십분씩 통화를 하곤했다. 통화를 하다가 다른사람이 전화를 하기위해 오면 그분들을 먼저 통화하게 양보 한 후 다시 전화를 하는 모습을 상상을 해보라. 그 상상만으로도 은혜가 되지 않는가?

아이들을 전화 심방하기위해 동전을 한 움큼 바꿔들고 희미한 공중전화 박스에서 기도하는 마음으로 아이들을 전화 심방하는 그 모습은 그 자체가 감동이 아닌가.

앞으로도 이런 헌신된 교사들이 더 많이 나왔으면 좋겠다.

총각시절 교회근처에서 자치를 할 때였다. 퇴근해서 집에 와보니 내 방문 앞에 교사 공과책이 놓여 있었다. 주인 아주머니께서 보시고 웬 아가씨가 와서 놓고 갔다고 하셨다. 몇 학년가를 보니 누구인지 알 수 있었다. 그때는 지금처럼 바로 바로 연락 할 수가 없는 때였다 그 자매 역시 혼자 생활하고 있었기 때문에 집에 전화가 없었고 다음날 출근해서 직장으로 전화를 해 퇴근후 만나게 되었다. 선생님 저는 주일학교 교사 계속하라고 붙잡을려고 만나자고 한게 아닙니다 지금까지 저는 떠나겠다는 사람 잡아본적 없고 오겠다는 사람 막아 본적도 없습니다. 공과책을 부장인 내 집에 놓고 갔다는 것은 교사를 그만하겠다는 얘기인데 갑자기 왜 떠나는지 얘기는 들어봐야 되겠다고 했더니 그 자매가 이야기를 시작했다.

지난 주일날 교회 집사님 한분이 자기를 좀 보자고 해서 커피숍에서 만났다는 것이다 그런데 그 집사님이 자기에서 한 형제를 소개해주고 싶다며 교회의 한 청년을 소개시켜 줬는데 이자매 생각에 그 청년이 자기는 전혀 마음에 없는 정도가 아니고 자신을 그 정도의 남자에게 소개 시켜준게 너무 분하고 기분 나빠서 차라리 교회를 옮기기로 마음먹었다는 것이었다. 내가 생각하기에는 그 집사님의 행동이 경솔했다. 서로 뻔이 아는 사이인데 자매에게 미리 물어보지도 않고 갑자기 그런 행동을 했으니 마음에 꼭 드는 상대도 아니고 또 객관적으로 보기에도 그리 어울리는 상대는 아닌것 같았다. 그래서 선생님이 교회를 떠나겠다면 저는 잡지 않을 것 입니다. 저도 전도사님으로부터 한 자매를 소개 받은 적이 있습니다 물론 직접 만나기까지 한 건 아니고 ○○○자매 어떠냐는 얘기였습니다. 저도 그 자매가 마음에 들지 않았습니다. 그래서 싫다고 거절했습니다. 왜 싫으냐고 물어서 거절할 때에 혹시라도 그 자매가 나중에라도 이 사실을 알게 되면 가장 기분상하지 않을 것 같은 핑계로 거절했습니다. 그 자매가 별로 비만이 아니었는데 그래서 약간 비만 이어서 싫다고 하는 바람에 나중에 누군가가 나에게 김용태 선생님은 아주 날씬한 사람을 좋아 한다고 얘기를 해서 그게 무슨 소린가 한 적이 있다며 만약에 자매님이 지금 이 이유로 교회를 떠나게 되고 그 사실이 사람들에게 알려진다면 그 형제의 입장이 어떻게 될지는 생각해 보셨는지요? 하고 물으면서 거절을 할 때에도 최대한 예의를 갖추어서 했으면 좋겠다고 말했다. 그러자 알았다며 다시 공과책을 가졌갔고 그후에 교사를 계속하게 되었다. 그리고 그 이후 그 자매가 결혼한다며 청첩장을 주었다. 예수님을 믿지 않는 남자와 주일날 12시인가 1시로 기억 된다. 당연이 교회 성도님들도 대부분 결혼식에 참석을 못했고 나는 어쩔수 없이 예배를 드리던 중간에 나와 예식장에 갔다. 결혼식을 마치고 나와서 집으로 돌아오는데 축복의 마음보다 웬지 아쉽고 걱정되는 마음은 어쩔수가 없었다 그 자매의 신앙 상태로 보아 금방 믿음을 떠난 삶을 살 것 같아서였다. 우리가 하나님의 뜻을 다 알수는 없다 그로 인해 그자매의 남편과 가족이 구원 받았을수도 있고 그 자매가 신앙을 떠났을 수도 있다. 그래서 인생의 중요한 결정을 할때만이라도 정말 내 마음의 결정을 내리기 전에 하나님께 묻고 좀더 신중히 결정했으면 좋겠다.

　나는 천성적으로 어린 아이들을 좋아한다. 예수님을 믿기 전에도 버스안에서 엄마 등에 업혀있는 아이들과도 장난을 쳤고, 전에 출석하는 교회에서는 나이 50이 넘어서도 내가 교회마당에 서 있으면 와서 발로 한번 차고 가는 놈, 와서 꾹 찌르고 가는 놈, 괜히 앞에서 알짱거리며 장난을 걸어오는 아이들이 있었으니 말이다. 나는 지금도 유치원 아이들이나 초등학교 아이들 하고도 잘 놀수 있다.

그래서인지 하나님께서는 나를 교사로 불러 주셨다.

처음 교사로 인연을 맺게 된것은 81년 여름이었다. 예배를 마치고 교회사무실에 잠깐 들렀는데 여름성경학교를 앞두고 아이들에게 복음송을 가르치기 위해 힘들게 차트 글씨를 쓰고 있는 자매 선생님이 있었다.

그때는 지금처럼 프로젝터는 물론 OHP도 없어 일일이 차트 글씨를 써서 패도를 만들어 쓰던 시절이었다.

글씨를 쓰는 모습이 너무 힘들어 보여서 "제가좀 도와드릴까요?"했더니 도와 달라고 해서 차트를 할 줄 알았던 나는 빠르고 예쁘게 글씨를 써주게 되었고, 이것이 인연이 되어 부장 선생님으로부터 교사를 해달라는 부탁을 받았다. 하지만 그때는 구원의 확신도 없던 시절이라 나는 믿음도 없고 아직 세례도 안받았으니 나중에 세례를 받으면 생각해 보겠노라고 말했다. 가르치는것 말고도 교사로서 할 수 있는 일들이 있다고 했지만 내가 차트를 하니까 펜글씨도 잘쓰는줄 아시고 그러시는것 같은데 나의 펜글씨는 글씨를 쓴 나도 못 알아보는 천하의 악필이다. 그래서 어떤사람은 나에게 어디가서 펜글씨 써놓고 직업을 얘기하지 말라고 까지 했다.

그 해 추수감사주일 세례를 받자마자 그 부장선생님이 나를 찾아오셨다. "선생님 전에 세례받으면 교사 하기로 하셨지요."하고 말해서 내가 어이없어 했더니 사실은 이번주를 마지막으로 지방근무를 하게 된 교사가 있어서 새로운 교사가 필요하니 도와달라고 하셨다.

그때 나는 구원의 감격으로 인해 나도 주를 위해 무언가 할 수 있는 일이 있다면 할 생각이었기에 일단 교사를 하기로 했다. 단 남들이 하는 걸 한번 보고 결정하기로 했다.

11월 넷째 주일날 교회학교 예배에 처음 참석했다 다른 선생님이 아이들 가르치는걸 보니 나도 할 수 있을 것 같았다. 그래서 나의 주일학교 교사생활은 이렇게 시작 되었다.

한가지 아쉬운것은 나에게 자리를 만들어 주고 떠난 그 자매 선생님은 그 주일학교 교사 중 가장 예뻤던 것으로 기억된다.

내가 누구를 가르쳐 본 것은 주일학교 교사를 하기 2년전 시골에서 막내 동생이었다. 당시에 초등학교 4학년이었던 동생은 평균점수가 60점대 초 였다. 그 동생을 매일 한시간씩 공부를 가르친 적이 있는데 매달 평균 10점씩 올려서 3개월 만에 90점 대로 올린 경험이 있다. 그래서 가르치는데는 나름대로 자신이 있었고, 매일 새벽기도를 하던때 였으므로 그 어느때보다 성령충만 했던때 였다.

교사를 시작해보니 아이들이 대부분 성경책이 없었다. 성경이 있는 아이들도 기드온에서 무료로 나눠준 신약성경이 전부였다. 공과내용은 구약인데 성경책도 없는 아이들에게 어떻게 성경을 가르친다는 말인가 그래서 주머니를 털어서 아이들에게 성경책부터 사 주었다. 공과 준비는 항상 최선을 다했다. 성경 본문을 매일 읽고 교사공과도 거의 외우다시피 했다. 새벽기도 때마다 아이들 얼굴을 한명 한명 떠올리며 그들의 이름을 부르며 기도했고 내가 할 수 있는 최선을 다했다. 성경 요절도 매 주 아이들과 같이 나도 암송했다. 교사가 요절을 외우지 않으면서 아이들에게 외우라고 하는 것은 말이 되질 않는 것 같았서였다. 지금 내가 암송하고 있는 성경의 대부분은 교사를 하면서 같이 암송한 것들이다. 그때는 작은 메모지에 앞면에는 그주의 공과제목과 목표 요절을 적고 후면에는 아이들 이름과 기도제목을 적어서 가지고 다니며 수시로 기도하고 요절을 외웠던 기억이난다.

그런나 문제는 아무리 열심히 해도 공과내용을 벗어나면 아는 게 없었다. 예수님 믿은지 1년도 안됐으니 성경을 알수가 없지 않은가. 그런 때는 아이들에게 솔직하게 내가 교회에 나온지 1년도 안 된다는 것을 얘기하고 대신 그 다음주까지는 어떻게든 알아서 가르쳐 주었다.

이렇게 시작된 나의 주일학교 교사생활이 이제는 30년이 지났다. 높은뜻 숭의교회에와서 하이키즈부서에서 교사를 할 때는 교사가 12명이었는데 11명의 교사 경력을 합해도 내 경력보다 짧았다. 교사를 하면서 참 많은 아이들과 교사들을 만났다.

아내도 같은 교사로 섬기다 만났고, 내가 담임했던 아이가 성장해서 신학을 하고 전도사가 되어 그는 교역자로, 나는 부장으로 섬기는 기쁨도 맛보았고, 주일학교 학생이었던 아이가 결혼을 하면서 다시 우리교회에 출석해 같은 남전도회원이 되어 만나기도 했다.

이제 내 자식과 같이 교사를 하고 싶은데 딸 아이는 대학부에서 다른 활동을 하고 너무 늦게 끝나 같이 교사하자는 말을 못했는데 작년부터 교사를 하고 있어서 얼마나 뿌듯한지 모른다. 나와 같은 부서에서 섬기지는 않지만 딸 아이가 섬기는 부서 전도사님과 선생님들로부터 딸 아이도 교사를 잘하고 있다는 칭찬을 들을때는 너무 기분이 좋았다.

가끔 딸 아이와 함께 주일학교 얘기도 하고, 공과준비하는 방법이나 심방할 때 주의 할 일들을 얘기해 줄 때는 아빠로서가 아니라 선배교사로서의 경험을 들려 주기도 했다.

　요즈음 주일학교 학생들을 보면서 아쉬운 것은 점점 성경을 아는 지식이 떨어지고 있다. 그것은 교회에서도 성경을 가르치는 시간이 계속 줄고 있는게 가장 큰 이유라고 생각한다. 처음교사를 할때 우리 교회는 3개월마다 한번씩 성경퀴즈대회를 하며 복습했고 한 학기를 마칠때는 교사들로 하여금 그동안 가르친 내용을 시험문제를 내어 성경시험을 보곤했다. 오후 예배때에는 교사들이 돌아가며 설교도 하고 특활을 통해도 성경을 가르쳤는데 정말 아쉬운 부분들이다. 그리고 더 염려스러운 것은 그것을 아쉬워 하거나 염려하는 사람을 별로 보지못했다는 것이다. 지난 30여년 간을 돌아 볼때에 아이들에게 먹을 것을 주어 잡아논 아이들은 먹을것이 없으면 떠났고, 재미있는 게임이나 오락으로 잡아논 아이들은 재미없어지면 떠난다. 예전교회를 보면 고등학교를 졸업하면서 교회를 떠나는 아이들이 너무 많았다. 한 해는 제법 잘 훈련돼 보이는 아이들이 20여명 되서 '내년에는 청년부가 좀 부흥하겠구나.'했는데 대부분 교회를 떠났다. 나 나름대로 원인을 분석해보니 고등학교 졸업과 동시에 부모님이 섬기는 교회로 옮기는 아이들이 있었다. 그들은 섭섭하긴 해도 어쩔 수 없었고 대부분은 자유가 주어지니까 신앙속에 머무르지 못하고 세상속으로 떠나갔다. 그렇게 믿음이 있어 보이는 아이들이 왜 저렇게 쉽게 교회를 떠날까? 결론은 그들이 고등학교를 졸업할때까지 우리가 제대로 가르치지 못했기 때문이라고 생각한다. 힘이 들더라도 아이들에게 하나님 말씀인 성경을 가르치는 길이 그래도 가장 바른 길이요 정확한 길이라 생각한다. 많은 사람들이 예수님을 떠나갈 때 "너희도 나를 버리겠느냐?"는 예수님 말씀에 "주여 영생의 말씀이 있는데 우리가 어디로 가오리까."하고 베드로는 고백하지 않았던가. 성경을 가르쳐야 할 성경학교에서 성경을 가르치는 시간이 점점 줄어드는 것은 아쉽기만 하다.

주일학교 하다 보면 꼭 말썽꾼 한 두 명은 있다. 어떤 해는 아휴 저 놈이 내년에는 중등부에 올라가니까 우리에게 평화가 오겠지 하면 꼭 더 심한 놈이 나타났다. 그래서 이제는 그런 아이들이 한두 명 있는 것은 지극히 정상적인 모습이라고 생각한다. 교사 생활 중 최고의 강적은 높은뜻숭의교회에서 만났다. 생기건 곱상하고 순진하게 생겼는데 도대체 어떻게 할 수가 없었다. 머리도 얼마나 좋은지 영재소리를 듣는 아이였다. 모든 교사들이 이 아이 때문에 쩔쩔매고 전도사님도 설교하기 힘들만큼 예배시간마다 분위기가 난장판이 될 때가 많았다. 정말 때릴 수도 없고, 오죽하면 다른 아이들이 선생님 좀 때리세요. 때리면 저러지 않을 거 아니에요. 하고 말할 정도였다. 얼마나 머리가 비상한지 자기가 어느 정도까지 장난쳐도 되는지를 알고 있었다. 더 심하면 정말 체벌이라도 해야지 하는 생각을 하는데 절대로 그 선을 넘지 않았다. 차라리 더 심해서 체벌이라도 하고 싶은 심정이었다. 주일 아침 교사기도회 때마다 오늘도 그 아이를 어떻게 해야 예배를 잘 드릴 수 있을까 의논했지만 번번이 실패했다. 다행인 것은 그 아이 담임선생님은 사랑스럽고 예쁘다는 것이다. 진짜인가 싶은데 그 선생님 표정을 보면 진짜인 것 같았다. 그 해 여름수련회 때였다. 수련회를 국내 성지 순례를 하기로 해서 2박 3일간 버스로 돌아다녔고 나는 아버지학교 일로 하루 늦게 그들과 합류했다.

　가서 보니 그 아이는 다른 아이들로 부터 왕따를 당하고 있었다. 그래서 나는 특별한 일이 없는 한 그 녀석 뒤만 따라다니며 칭찬해 주었다. 야! ㅇㅇ야 너 정말 잘했다. 와! ㅇㅇ야 너 줄도 잘 서고 정말 착하구나. 등등 하루 종일 그 녀석을 쫓아다니며 아부했다. 밤이 되어 잠자리에 들 때 큰 방에서 남녀로 나뉘어 자는데 자기들끼리 자리 잡고 그 아이 자리는 한쪽에 따로 만들어 놓고는 아무도 그 아이와 말도 하지 않았다. 그래서 내가 그 녀석 옆으로 가서 ㅇㅇ야 선생님하고 같이 자자 하고 녀석을 안아주었다. 야! 너희들 이러지마 ㅇㅇ가 얼마나 멋진데 그러니 하면서 편들어 주고 옆에 누웠다. 보통 때 같으면 싫어요. 저리가요. 아, 입 냄새하며 도망치던 녀석이 말없이 함께 잠을잤다.

　수련회 이후 ㅇㅇ의 태도가 조금 바뀌었다. 나는 교회 앞에서 아이들이 오면 남자아이들은 살짝 앉아주고 가끔 세게 앉아주며 장난치는데 이 녀석을 그럴라치면 도망치면서 에~ 할아버지 하고 놀리고 도망치던 모습이 사라졌다. 그렇다고 마음열고 나와 친해진 건 아니었다. 그런 아이들과 대화해 보면 아무리 말썽꾼도 나쁜 아이들도 아, 역시 애는 애구나. 하는 생각을 하게 된다.

　마음이 닫혀 있거나 상처받은 아이의 마음을 얻는데도 많은 시간과 정성이 필요하다고 생각한다, 교사에게 주어진 시간은 일 년 중 52주 하루 한 시간 정도이다. 함께 생활하는 부모님이나 학교 교사에 비하면 우리의 시간은 매우 짧다. 그러나 그 52주는 우리가 진실한 마음으로 사랑하며 아이들을 대한다면 우리의 진실한 마음과 사랑을 전할 수 있는 충분한 시간이라고 생각한다.

그 후 우리는 그 가정을 심방 하기로 했다. 전도사님과 담임선생님 그리고 부장인 나 셋이 심방하기로 했는데 그 다음해 높은뜻숭의교회가 네 교회로 분립되면서 심방은 이루어지지 않았다. 모두들 그녀석이 어느 교회로 가는지가 우리의 관심사 였다. 우리 높은뜻푸른교회가 아닌 다른 교회로 갔다. 그때 정말 성실한 교사가있었는데 자기도 그 교회에서 교사하고 싶은데 그 아이가 가니 자기는 한번 다시 생각해 봐야겠다고 할 만큼 강적이었다. 그 후 그 교회로 간 교사에게 그 아이 소식을 물었다. 그 아이는 분반에 소속시키지 않고 한 분의 교사가 그 아이만 전담하는 교사를 따로 두었다는 소식을 들었다. 역시 최강이구나 하면서도 좀 더 시간이 있었다면 그 녀석과 좀 더 친해질 수도 있었을 텐데 하는 아쉬운 마음도 든다.

어느 주일날 오후 교회의 지하식당에 있는데 집사님 한 분이 나를 찾으셨다."김용태 집사님, 웬 아이가 와서 집사님을 찾아요."그래서 1층 교회 마당으로 올라가보니 몇년전 우리 부서를 수료한 한 아이가 서 있었다.

"선생님 안녕하세요 저 윤○○인데요. 박○○선생님은 안계시다면

서요." 하고 말했다. "그래, 그 선생님은 사정이 있어서 교회를 옮기셨다. 그래, 그동안 어떻게 지내니? 할머니는 건강하시고?" 그 아이와의 만남은 약 5년전쯤 이었다. 그 아이의 담임을 하셨던 선생님께서 부장으로 섬기던 나에게 그 집을 같이 심방 하자고 했다. 그 아이는 엄마는 가출했고, 아버지는 지방을 떠돌다가 가끔 집에 들리시므로 할머니와 둘이서 생활하고 있었다. 주민등록상 자식이 있으므로 동사무소에서도 구제의 대상이 되지 않아 어렵게 생활하는 가정이라고 했다.

담임 선생님께서 미리 준비하신 간식을 들고 그 가정을 같이 심방했다.

그 후 우리부서에서도 구제비로 몇번 도와 드렸고 교회에 말씀드려 쌀을 몇번 사 드렸다. 워낙 성실 하셨던 담임 선생님도 개인적으로 그 아이와 할머니를 도와 드렸고 교회 장로님 께서도 개인적으로 도와드린 그런 가정의 아이였다. 유·초등부를 수료하고 중·등부로 올라간 후로는 자주 볼수가 없었다. 가끔 만나면 반갑게 맞아주고 등 한번 두드려 주고 할머니 안부를 묻곤 했는데 언제부턴가 잘 보이지 않았던 아이였다.

그 아이의 몸에서는 담배냄새가 역겨할정도로 많이 났다. 그래도 모르는척 하고 몇마디의 대화를 한 후 그 아이는 돌아갔다. 지금 같으면 어디가서 음료수 라도 마시며 얘기를 했을것 같은데 그때는 왜 그랬는지 그렇게 하질 못했다. 그 녀석이 돌아간 후 멍하니 생각에 잠겼다. 저 아이가 왜 갑자기 담배냄새 풀풀 풍기면서 교회를 찾아 왔을까

? 그 때 녀석의 겉 모습은 보통 우리가 말하는 비행 청소년의 모습이었다. 분명히 그 아이의 겉 모습은 그래 보였다. 어디에선가 알바를 해서 용돈정도 벌어 쓰면서 비슷한 아이들과 어울리며 술도 마시고 담배도 한 두번 피우다 보니 중독 되어버린 그런아이, 만약에 내 아들이나 딸이 친구로 사귄다면 만나지 말라고 하고 싶은 그런 모습이었다.

그런데 그아이와 얼굴을 맞대고 몇마디 대화를 하면서 느낀것은 그런 비행 청소년의 모습이 전혀 아니었다. 그 애가 담배 피우며 그런 생활을 하는것은 그런 삶이 좋아서 하는게 아니라 부모님의 사랑과 돌봄을 받지 못하는 그 아이에게 친구가 되어준 사람은 자신과 비슷한 생활을 하는 아이들 뿐이다 보니 그들과 어울리기 위해서는 술도 마시고 담배도 피우는 불쌍한 한 아이의 모습이었다.

집에 늦게 들어온다고 야단치고, 공부 못한다고 혼내주는 그런 부모님의 사랑이 그리운 그런 모습이었다. 어린 나이의 그 아이가 고달픈 삶을 살다가 그래도 자신을 따뜻하게 맞아 주었고 사랑해준 곳이 교회였고, 그 담임선생님 이었다는 생각에 찾아왔으리란 생각이 들었다. 그래서 교회로 찾아와서 담임선생님을 찾았고 담임선생님이 계시지 않으니까 가끔 만나면 반가운 얼굴로 대해주고 등이라도 한번 두드려 주었던 나를 찾아온게 아니었을까? 그렇게 생각하니 그냥 보내는게 아니었는데 하는 생각이 들었다. 그리고 우리교회 주일학교가 그 아이에게 힘들고 어려울때 찾아올수 있는 따뜻한 교회였다는것이 기뻤다. 그 담임 선생님이 계셨더라면 더 좋았을텐데. 사람이 살다보면 막막하고 힘들때 하소연 할 수 있는 사람이 있다면 그 어려움을 훨씬 쉽게 이겨 낼 수 있으리라 생각된다. 바로 우리 교회가, 우리 주일학교 선생님들이 그런 사람이 되어 주었으면 좋겠다. 그래서 우리 아이들이 살아가면서 정말 힘들고 어렵고 막막 할 때, 아! 그 선생님이라면 내 이야기를 들어 주고 이해해 주실거야 하는 생각에 전화 할수 있는 그런 교사가 되고 싶다.

♥

예전교회에서 중고등부 교사를 몇년 하다가 다시 유초등부의 교사를 시작할 때였다. 1월첫주일날 주일학교 예배를 드리는데 한 아이가 예배 시간에 혼자 돌아 다녔다 그냥 뒤편을 돌아 다니는게 아니라 강대상 앞에 가서 설교하는 전도사님도 쳐다 보고 강대상 옆의 꽃도 만지며 예배당 안에 있는 모든 사람을 투명인간이라고 생각 하는 듯 너무 자연스럽게 돌아다녔다. 더 이상한 것은 전도사님도 선생님들도 아무도 그 애의 행동을 제지하는 사람이 없었다. 조용히 혼자 돌아 다니고 다른 사람들도 그 애를 투명인간 취급하니까 예배에 별로 방해가 되는 것 같지도 않았다. 그래서 무언가 사연이 있는 것 같아서 나도 그대로 두고 그날 주일학교 예배와 분반을 마친 후 첫주일 이므로 교사 회의가 있었다. 그때에 나는 그 아이가 어떤 아이인지를 물었다. 혹시 집안에 무슨 문제가 있는 아이 인가요? 전년도 담임 선생님께서 대답하셨다. 그 아이의 부모님은 돌아가셨고 현재 큰아버지 밑에서 살고 있는 아이라고. 역시 가정에 어려움이 있는 아이였다. 그 아이는 누가 야단을 쳐도 심지어 체벌을 해도(그 당시에는 교회에서도 아이들 체벌을 하던 때였다) 아무 반응이 없었다. 차라리 아픈 표정을 짓든가 분노라도 표현했으면 좋겠는데, 초등학교 4학년 정도인 이 아이가 벌써 세상을 살아갈 희망을 잃어버린 것 같아서 마음이 아프고 안타까웠다. 그녀석이 무서워 하는 것은 오로지 한살 위인 사촌형 뿐이라고 했다. 가끔 그 형이 아이가 너무 삐딱하면 동생을 때리는 모양이었다.

그래서 교사들에게 저 아이는 체벌해서 될 아이가 아니니 앞으로 체벌하지 말고 가능하면 선생님들 많이 안아주고 기도해 주라고 부탁을 했다. 그 후 얼마 지나지 않아 그들은 우리 교회를 떠났다. 그때 좀 더 따뜻한 사랑으로 대해 줬으면 좋았을 텐데 하는 아쉬움이 남는다.

내가 6년 동안 담임한 특별한 인연의 아이들이 있다. 주일학교 12년 중 반을 내가 담임했으니 특별한 인연인 것 같다. 그 반 아이들은 대부분 믿음 좋은 부모 밑에서 자라는 착실한 모범생들이었다. 공부도 잘해 그들 중 두 명은 서울대에 진학했다. 이런 아이들이다 보니 연말에 담임을 정할 때 착실하고 유능한 교사는 말썽 많고 힘든 반에 배치되고 이 아이들은 대개 초보 교사나 조금 불성실한 교사가 담임 맡는 경우가 많았다.

그래서 이 녀석들은 너무 성실해서 역차별 받곤 했다. 그래서 그 반에 가보면 아이들이 선생님 걱정을 하고 있다. 부장선생님 오늘도 우리 선생님 안 오시나요? 지난주에도 안 왔는데 왜 맨날 맨날 안 와요? 그래서 나중에 당회원들에게 제발 교사 안 하겠다는 사람 억지로 임명하지 말라고 부탁을 했지만 잘 지켜지지 않았다. 작은 교회에서는 학생을 위해서 교사를 임명 하는게 아니라 때로는 교사라도 시켜야 책임감 때문에 교회도 나오고 신앙도 성장 할 수 있다는 생각에 본인은 원치 않는데 억지로 교사를 임명 하다 보니 부작용이 있을 때가 가끔 있다. 그런 사정이다 보니 그런 교사가 중간에 그만두면 부장인 내가 맡게 되는 일이 반복되다어 4년간 담임했고 이 녀석들이 중등부로 올라가면서 나도 중등부교사를 하게 돼 또 2년 동안 담임을 했다.

이 녀석들이 수능 끝난 후 내가 저녁 한번 살 테니 만나자고 했다. 그랬더니 집이 이사해서 다른 교회 출석하는 아이까지 같이 만나게 되었다. 대학에 합격해 벌써 신입생 오리엔테이션에 다녀온 아이들도 있었다. 그때 술 마시지 않은 벌칙으로 콜라를 한 대접 마셨다는 아이도 있고 그 분위기 속에 들어가 신나게 술 마신 녀석도 있었다.

식사 후 한 녀석이 선생님 맥주 한 잔 사 주세요. 하는데 어떻게 할까 망설이다 딱 한잔이다 하고 그냥 맥주를 시켰다. 주일학교 교사와 그 제자들이 맥주 마시는 별로 안 좋은 그림인데 다행히 모든 아이들이 맥주 마시는 건 아니고 술 마시지 않는 아이들도 있었다. 그들 중 몇 명은 고등학교 때까지는 집에서 가까운 우리교회에 출석하다가 졸업 후 성인이 되어서는 부모님이 섬기는 교회로 떠나기도 하고 나와 함께 교사하며 같이 섬기던 아이들도 있다. 한 녀석은 가끔 지하철에서 보고 선생님하며 뛰어와 인사하곤 했는데 벌써 오래 전 일이다. 그들 중 한 명은 서울대 졸업 후 한국은행에 근무한다는 소식을 들었고 그 어머니께서 불의의 교통사고로 돌아가셔서 장례식장에서 한번 본 이후로 보지 못했다. 또 한 아이는 목사 사모가 되었다는 소식을 들었다. 똑똑하고 성실한 아이들이었는데 지금도 잘 지내고 있으리라 믿는다.

♥

주일학교 교사를 오래 하다 보니 처음에는 아이만 봤는데 이제는 그 아이를 보면 그 부모와 가정이 보이는것 같다. 그래서 나에게 생긴 습관이 새로 교회에 출석한 아이중에 정말 반듯하게 잘 자란 아이나 혹은 말성 피우는 아이들이 오면 일부러 그 부모님들이 어떤 분인지를 살펴보는 습관이 생겼다. 그리고 그 결과는 놀라울 만큼 일치했다. 아버지학교를 섬기면서도 지원자 아버지들과 대화를 하면서는 반대로 아이들을 상상해본다.

언제가 전에 출석하던 교회에서 한 젊은 집사가 한 장로님에 대해 비판적으로 얘기를 했다. 그래서 그때 그 젊은 집사에게 야 그러지마 그 장로님은 삼 남매를 정말 부러울 만큼 반듯하게 잘 키워다. 나는 삼남매를 그렇게 반듯하게 잘 키운 분이라면 그분이 다 잘하지는 못하겠지만 최소한 남들에게 비난 받고 손까락질 받을 사람 아니라고 생각한다고 하면서 비난하지 말라고 한적이 있다. 실제로 나는 자녀를 반듯하게 잘 키운 부모는 그분이 직업이나 사회적 위치에 관계없이 존경한다.

내가 교사를 하기 전에는 아이들은 그냥 특별히 나쁜 환경만 아니면 다 바르게 잘 자라는줄 알았다. 내가 어린시절을 보낼때와 지금을 비교해 보면 내가 어릴때에는 부모님들이 거의 돌봐주지 못했다. 나만 그런게 아니라 대부분의 아이들이 그랬다. 다들 먹고 살기 바빠서 자녀를 돌볼 시간이 없었다. 그런데 왜 그때의 아이들이 죄에 빠지지 않고 잘 자랄수 있었을까? 생각해보니 그때에는 우리 주변에 죄의 유혹이별로 없었다. 그래서 죄를 배울수가 없었다. 그시절 우리가 한것이라고는 그저 남의 밭에가서 참외나 수박서리 하는 정도였다. 그러나 지금은 다르다 TV, 컴퓨터, 핸드폰 그리고 주변에 어린 아이들에게까지 너무 많은 죄의 유혹들이 있다.

그러니 우리 아이들은 어려서부터 자연스럽게 죄악 속에서 자란다. 그래서 더더욱 부모의 역할과 교회의 역할이 더 중요하다고 생각한다. 일주일에 한번의 만남이지만 그 만남을 통해 아이들을 사랑하고 가르치고 기도해야 한다. 그리고 그 아이들 뿐만이 아니라 부모를 위해 기도해야한다. 높은뜻숭의교회때에 어떤 분들이 우리부서 아이들이 다른부서 아이들보다 예배도 더 잘 드리고 신앙도 더 좋다는 얘기를 했다. 그래서 그럴리가 있냐고 했더니, 우리 부서와 다른부서 예배를 동시에 드리는 선생님이 분명이 차이가 난다는것이다. 그래서 왜 그럴까 생각해본적이 있다. 내가 내린 결론은 9시에 우리 부서 예배 드리는 아이들의 부모님들은 대부분 교회에 봉사하시는 분들이셨고, 11시예배에 참석하는 부모님들은 예배만 드리고 가시는 부모님들 이었다. 바로 교회를 섬기는 믿음이 있는 부모와 예배만 드리고 가는 그 차이라고 생각한다. 100%는 아니겠지만 어릴때 아이들의 신앙은 부모님의 신앙과 정비례 한다.

나도 큰소리 칠 형편은 못되지만 그만큼 어릴때에는 부모의 혁할이 중요하다. 아이가 말썽꾼일때 부모가 그곳을 인정하면 케어하기가 쉽다. 그러나 부모들이 그것을 인정하지 않는 경우가 더 많았다. 그래서 교사들이 더 지혜롭게 부모님과 대화하며 기도하며 섬기는 지혜가 필요하다.

34년의 교사 생활 아직 나보다 더 오래 교사로 섬긴분을 직접 만나지는 못했다. 우리교회는 장로가 되면 교사나 부장을 할수가 없다. 6년후 장로시무를 마친후 다시 교사의 자리로 돌아오고 싶다.

19

축복의 심방길

   교사를 시작한지 한 달이 지나자 연말이 되었다. 교사총회에서는 새해의 반을 맡을 담임을 정하는데 나는 처음 교사를 하는지라 그 과정을 그냥 지켜만보고 있는데 모든 선생님들이 기피하는 한 반이 있었다. 그때 열정도 있고, 헌신된 교사들이 많았던 것으로 기억하는데 서로가 그 반을 맡지 않으려고 했다. 그래서 내가 그반을 맡으면 안되냐고 했더니 "선생님 혹시 문제아들을 잘 다룰줄 아세요?" 하고 물었다. 그래서 그렇지는 않다고 했더니, "그러면 안돼요, 더군다나 처음 교사를 하는데." 하면서 나에게 맡기지 않으려 했다. 그러나 아무도 그 반을 맡으려는 사람이 없어서 결국 내가 그 반을 담임하게 됐다. 교사경력도 없는데다가 내 인상도 순진해 보여서인지 맡기기는 했지만 모두들 걱정스런 표정 이었다.

5학년 남자반 이었는데 과연 대단했다. 그 중 세명은 그야말로 대책이 없는 아이들 이었다 반아이들과 친해지는데 힘들기도 했지만 재미도 있었다.

봄철이 되니까 주일학교에서도 반 아이들 심방이 있었다. 본래 나는 대중 앞에 서는 것은 힘들지 않은데 잘모르는 사람과 소수로 만나 이야기 하는것은 힘들어 한다.

그래서 혼자 심방하기는 힘들것 같아 오후예배를 마친후 반아이들을 데리고 심방을 시작했다. 본래 말썽 피우는 애들은 절대 결석을 하지 않는다. 그 아이들을 데리고 나의 첫 심방이 시작되었다. 처음 심방한 아이는 아주 말썽꾼이었다. 정말 개념이 없이 장난만 치는 그런 아이였다. 집에 가보니 여자 동생이 한 명 있고 아버지는 교통사고로 일찍 돌아가신후 엄마는 어린남매를 친정어머께 맡기고 재혼해서 새로운 삶을 찾아 떠난 그런 가정이었다. 외할머니 혼자서 딸의 행복을 위해 외손주 두 명을 키우고 있었다. 아무런 희망도 없이 근근이 살아가시는 그 할머니의 하소연을 한참 들어주었다. 그리고 내가 예수 믿은지 얼마 안되므로 예배를 드릴수 없으니 같이 찬송가를 한 장 부르자고 한후 찬송가를 한장 부른후 그 가정을 위해 기도해주고 나오는데 눈물이 핑 돌았다. 그 아이들이 너무 불쌍했다.

다음 집을 향해 갔다. 제법 크고 부유해 보이는 집이었다. 심방을 해보니 그 집 주인은 그 아이의 이모와 이모부였다. 엄마 아빠가 이혼하고 엄마와 함께 이모네 집에 살고 있었다. 그런데 그 이모와 이모부로부터 이 아이에 대해 거의 욕에 가까운 얘기만 했다. 이 아이는 자기들이 아무리 잘해 주려해도 도저히 가능성이 없는 아이, 그래서 포기한 아이. 지금 같으면 나도 무슨 얘기를 했겠지만 교사도 처음이고 아무런 정보도 없다보니 말없이 그분들의 얘기만 듣다가 그 집을 나오는데 온 몸에 기운이 쭉 빠지고, 더이상 심방하고 싶은 마음이 없었다. 그러나 한 가정을 더 심방하기로 약속을 했으므로 취소할 수 없어서 세번 째 집을 향해 갔다.

약간 언덕위에 있는 아주 작은집 이었다. 아이들 방은 책상 하나놓고 겨우 다리뻗고 잘 수 있을 정도로 작았고, 거실은 피아노 한 대가 놓여 있었고 쇼파 놓을 자리도 없는 그런 작은집 이었다. 그런데 나는 그날 그곳에서 지상의 천국을 보았다. 아빠는 그때 집에 계시질 않고 누나는 중등부에 다니고 있었으며 아이의 엄마 집사님은 구역장과 성가대원 등으로 열심히 교회를 섬기는 그런 가정이었다.

자기 가정을 간단히 소개해 주서서 나도 간단히 내 소개를 했다. 아직 교회생활한지 일년 조금 지난 초신자이며 당연히 교사도 처음이고 심방도 이번이 처음이라는 것을 말씀드렸다. 집사님께서 준비해주신 간식을 대접 받은 것으로 기억한다. 그 집사님은 아이들이 구약까지 배우는 줄 몰랐다며 내가 아이들에게 성경책을 사준 것에 대한 감사하다는 말씀을 하셨다.

편안한 마음으로 몇마디의 대화를 나누고 앞에서와 같이 찬송한장 부르고 그 가정을 위해 기도하고 일어서려는데 "선생님 잠깐만요 제가 이어서 기도하고 싶어요" 하시더니 초짜신자에 초짜교사로 심방온 나를 위해 간절히 기도해 주셨다. 앞에 두 가정을 심방하며 가졌던 무거운 마음은 다 사라졌다. 그 날 나는 결심했다 나도 결혼해서 가정을 이루게 되면 이 집사님 가정처럼 꼭 믿음의 가정을 이루리라, 그래서 내 아이들은 믿음 안에서 부모의 기도와 사랑을 받으며 자라게 하리라 굳게 굳게 마음먹고 나왔다. 아이들의 밝은얼굴, 자녀를 바라보는 사랑이 가득한 엄마의 눈길, 30여 년이 지난 지금도 기억날 만큼 그날 그 심방은 내 마음 속에 깊이 남았다.

그때 나는 그 집사님이 나를 위해 어떤기도를 했는지는 전혀 기억나지 않는다. 그러나 지금도 내가 뚜렷이 기억하는 것이있다. 그것은 그 해 연말 한 해를 돌아 보던 중 깜짝 놀랐다. 그때 그 집사님이 나를 위해 기도해 주었던 기도중에 그때에 이루어져야 할 모든 기도가 이루어져저 있었다.

나는 그 때를 생각하고 결혼하여 아이를 키우며 우리 아이들 담임 선생님이 우리집에 심방을 온다면 나도 그 집사님 처럼 그렇게 기도해 주려고 마음 먹었다.

그러나 우리 아이들이 주일학교에 갈 때는 가정심방은 없어졌다. 그래서 나도 그 집사님처럼 우리 아이들의 담임을 위해 직접 기도해 줄 기회는 없었다. 이렇게 처음에는 너무나 힘들게 시작한 나의 첫 심방은 너무 은혜로웠다.

20

말씀 요리사

　주일학교 교사로 섬기면서 가장 중점을 둔 것은 성경공부였다. 나는 그 길이 아이들에게 교사로서 해야 할 가장 중요한 책임이라고 생각했기 때문이다. 그래서 공과준비는 주일밤이나 월요일에 일단은 시작했다. 조금이라도 빨리 시작한것은 그래야 그 말씀을 오랜시간 묵상 할 수 있기 때문이었다. 일단 본문을 읽으면 대충 내용이 머리속에 들어온다. 나는 그 말씀을 일주일간 틈날때마다 묵상한다. 그리고 미리 준비하는 이유 중 하나는 가끔은 이해가 안되거나 모르는 부분도 있기 때문이다. 토요일날 저녁에 공과준비를 한다면 그 문제를 해결 할 길이 없다. 그리고 더 중요한 것은 아이들에게 성경을 가르치는 것은 영혼의 양식을 먹이는 일이라고 생각한다. 대부분 한국교회 주일학교 사정은 공과공부시간이 20분 내지 40분 정도 주어지는 것으로 알고있다. 그 시간동안 아이들 출석 부르고 몇 마디 하다보면 몇 분

금방 지나가 버리고 특별행사라도 있는 날이면 시간을 빼먹기 일수이다. 그 짧은 시간을 활용할려면 철저한 준비가 필요하다.

철저하게 준비한 사람은 30분짜리 공과내용도 상황에 따라 5분만에 끝낼 수도 있고 한 시간으로 늘릴수도 있다. 교사가 어떻게 준비하느냐가 중요하다. 단순히 지식을 전달하는 공부라면 아는 내용 일때는 한 번 훑어만 보고와도 된다. 하지만 우리가 아이들에게 주는것은 영혼의 양식이다. 그렇기 때문에 지식과 테크닉만으로 곤란하며 간절한 기도와 한주간의 묵상이 필요하다는 생각에서 였다.

그래서 일주일 동안 준비한 영혼의 양식을 20분간 압축해서 전달해 주면 그들은 집으로 돌아가서 한주간 동안 풀어서 생활 할 것이다 내가 30분 준비했으면 아이들이 30분 후에 그 내용을 다 까먹어도 별로 섭섭해 할 필요가 없지 않을까? 나는 30분 준비해서 먹여놓고 그 아이들이 한 주간 양식이 되길 원한다면 나의 욕심이 아닐까 생각했다. 가끔 교역자 분들이나 교사들이 토요일 밤늦게까지 설교나 공과 준비하느라 힘들었다는 얘기를 하는분들이 있는데, 나는 그런 분들을 신뢰하지 않는다. 토요일밤은 설교나 공과를 마지막 점검하는 시간이지 준비하는 시간이 아니라고 생각하기 때문이다.

한국교회 성도들이 예배를 드리고 나오자마자 설교내용을 잊어버리는 사람도 꽤 있고 하루 후 몇 %, 일주일 후 몇 % 하며 성도들이 말씀을 듣고 금방 잊어버리는데 대해 한심해 하는 목사님들이 있는데 사실 나는 그런 분들께 묻고 싶다. 그 설교를 위해 얼마나 기도하셨고, 얼마나 묵상하셨고, 얼마나 준비 하셨느냐고 ? 우리 아이들이 어릴 때였다. 둘째인 아들녀석이 입맛이 보통 까다로운게 아니다 이녀석은 김치찌개 끓일 때 양념하나가 빠져도 맛이 다르다고 할만큼 예민하다. 이 녀석이 김치찌개에 참치를 넣고 끓여주면 그 참치를 좋아했다.

워낙 입맛이 까다롭고 편식이 심하다 보니 아내는 이 아이를 위해 거의 매일 참치를 넣은 김치찌개를 했다. 나도 김치찌개는 좋아 하지만 계속먹다보니 참치가 들어간 김치찌개는 이제는 더 이상 못먹게 되었다. 그러자 아내는 지혜를 짜내 김치찌개를 다 끓인후 참치를 그 위에 살짝 올려서 김치 맛이 참치에 배도록 해서 아들에게 주었다. 그랬더니 이 녀석이"엄마 맛이 달라"하고는 잘 먹지 않는다.

가족에게 주는 반찬 하나도 두 사람의 입맛을 맞추기 위해 이렇게 준비하는데 하물며 영혼에 양식을 준비하는 사람으로서의 자세는 생각해 봐야 할 것이다. 그리고 주일학교 교사를 오래 하다보니 우리가 쓰는 공과는 어디를 펼쳐봐도 나같은 경우에는 대부분 아는 내용이었다. 하지만 정말 시간이 없어서 어쩔 수 없는 경우을 제외하고는 꼭 다시 준비하며 기도했다. 분반공부를 하다보면 철저히 준비하고 기도했을 때와 그렇지 못할 때와는 확실히 구별되었다.

특히 설교를 해보면 더 그렇다. 강단에서 설교를 해보면 잘 준비 되었을 때에는 아이들이 딱 한눈에 들어온다. 말씀을 전해보면 아이들이 나에게 빨려 들어오는듯한 느낌이 있다. 그러나 준비하지 못하고 말씀을 전해보면 나는 나대로 소리 지르고 애들은 애들대로 떠들다보니 목소리는 커지고 "야, 너 누구누구 조용히 안해" 하며 소리소리지르고 설교시간도 훨씬 길어진다. 또한 목자는 양을 알아야 된다고 생각한다.

공과를 가르치며 질문을 해보면 어떤 아이는 답을 알든 모르든 무조건 손을들고 말하는 아이가 있는가 하면, 답을 아는데도 다시 한번 생각하느라 대답하지 못하는 소심한 아이들도 있다. 분명이 이 아이가 성경을 더 잘 아는데 소심해서 그러는 경우에는 질문을 할 때"이 문제는 ○○○이 대답 해봐라"하는 식이다. 또 교회에 나온지 얼마 안되는 아이들에게는 공과시간이 지루할 수 밖에 없다 그런 아이를 위해서도 한 두주 전에 배운 문제 중 그아이가 알만한 질문을 해주고, 답을 마추면 "야,○○○이 교회나온지 얼마되지도 않는데 잘 아네" 하고 칭찬해주면 흥미를 가질 수 있다.

이런 경우도 있었다. 나는 시간이 허락하는한 아이들에게 성경본문을 돌아가면서 읽게 하는데 한글을 제대로 못읽는 아이가 우리반에 들어왔다.

그래서 그 다음주부터 아이들에게 성경 읽히는 것을 중단하고 내가 다 읽었다. 시간이 없어서라고 핑계를 댔지만 아이들도 눈치를 채는 것 같았다.

교사를 하다보면 재미있는 일도 많다 한번은 분반공부를 하려고 내려가보니 한 녀석이 고개를 숙이고 잠자는 자세로 있었다. 나중에 서울대를 졸업하고 지금 한국은행에 근무하는 아주 똑똑한 아이였다."야 일어나 뭐하냐" 했더니 "선생님 오늘공과는 다 아는거여요" 그러니 자기는 잠을자도 된다는 표정이었다. 그날 공과 내용은 창세기 1장 창조에 관한 내용이었다. "너 정말 다 아니?" 하고 물었더니 "네, 첫째

날 하나님이 가라사대 빛이 있으라 하시매 빛이 있었고… 둘째 날은
… 등"그냥 입에서 줄줄줄 나왔다. 사실 나는 생각하면서 얘기해야
하는데 단순암기는 이 녀석이 나보다 훨씬 더 잘한다.

하긴 여름성경학교 때도 단골 공과가 창조일 때가 많았으니 이 녀
석이 그 정도 아는것은 당연하다. 그래서, "그래, 그럼 선생님이 질문
하나만 할께," "해보세요" 당당한 모습이다. "그러면 하나님이 세상을
창조하실때 동물과 새는 무엇으로 창조 하셨냐? "말씀으로 창조했죠",
"그래 사람을 만들때 처럼 흙이나 어떤 재료를 사용하지 않았냐?" "
아뇨 말씀으로만 창조했어요." "그래 그럼 창세기 2장 19절 한번 읽어
볼래" "네 알았서요." 하고 대답하고는 찾아서 읽기 시작했다 "여호와
하나님이 흙으로 각종 들짐승과 공중의 각종 새를 지으시고 아담이
어떻게 이름을 짓나 보시려고 그것들을 그에게로 이끌어 이르시니 아
담이 각 생물을 일컫는 바가 곧 그 이름이라" 다시 내가 질문했다."뭘
로 지으셨다고?" 녀석은 당황하기 시작했다 내질문은 이어졌다. "야 하
나님이 아담과 하와를 만들때 갓난아기로 지었겠느냐, 청년으로 지었
겠느냐? 나무는 큰 나무만 있었겠느냐, 작은나무만 있었겠느냐?" 하나
도 대답하지 못하는 녀석을 향하여 "똑바로 앉자." 하고는 무사히 분
반공부를 마쳤다.

또 한번은 남자 아이들이 나를 골탕 먹일려고 했는지 "선생님 할례
가 뭐에요? 히히히." 하면서 장난을 쳐왔다 "그래 그게 궁금하냐? 알
았어 설명해 줄께" 고개를 숙이고 웃고있는 녀석들에게 "잠깐 일어나
볼래" 하니까. "왜요?" "글쎄, 잠깐만 일어나봐" 안 일어나려는 두 녀

석을 일으켜 세우며 "바지내려봐" 하니까 "예!" 하면서 깜짝 놀라는 녀석들에게 "빨리 바지내려. 내가 니 고추보면서 시청각 교육을 해줄테니까 빨리 바지내려 임마" 아이들은 당황해서 "선생님 됐어요" 하는데 "안돼 빨리 니들 바지내려봐" 하며 실랑이를 벌이고 있는데 옆으로 지나가던 자매 선생님이 "선생님 왜그러세요?" 하고 물어서 "아! 이 아이들이 할례가 뭔지 가르쳐 달라고 하잖아요 그래서 시청각 교육을 좀 할려구요" 그 선생님은 배꼽을 잡고 웃으며 지나가셨고 결국은 내가 이겼다.

나는 가끔 교사들에게 말한다. 우리가 일 년 52주 어린이들을 만나며 그시간을 진심으로 그들을 대하면 그 시간은 우리의 진심을 전할 수 있는 충분한 시간이라고, 아이들이 모를것 같아도 그들은 안다. 누가 자기를 사랑하고 누가 자기를 미워하는지, 그리고 공과준비를 철저히 하는지 대충 아는 지식을 전하는지. 그래서 그들을 대할때 진심으로 대하고 성실하게 대해야 한다고 생각한다.

아버지학교를 하면서도 스태프들에게도 같은 얘기를 한다. 우리가 지원자들을 진심으로 대한다면 우리에게 주어진 5주간은 그들에게 우리의 진심을 전할 수 있는 충분한 시간이라고. 어느 교사 헌신예배때 강사로 오신 목사님께서 자기 교회에는 80이 넘으신 할머니 교사 한 분이 있다고 했다. 그 분은 나이가 많으셔서 이제 아이들 담임은 못하시고 그 할머니 선생님이 하시는 일은 주일날 아침 아이들이 교회에 오면 어린이주보 한 장씩 나누어 주며 아이들 등 한번 두드려 주는 그런 선생님이라고 하셨다.

나는 감동 먹었다. 생기 발랄하고 예쁘고 아이들과 재미있게 놀아주고 율동도 가르쳐주는 그런 선생님도 필요하겠지만 누가 감히 이 할머니 선생님을 그 젊은 선생님만 못하다고 말할수 있을까? 그 선생님 얘기를 들으며 나도 결심했다.

교회에서 허락만 한다면 나도 그때까지 교사를 하고싶다. 내가 나이를 더 먹어서 다른 일을 할수 없다면 교회에 예배하러오는 아이들 등 한번 두드려주며 격려해 주고 젊은 선생님들이 열심히 가르치며 돌볼 때 뒤에서 그들을 위해 기도해 주는 그런 교사가 되고싶다.

목사님들 중에서 강단에서 설교하다 하나님 부르심 받는 것이 최고의 행복이라고 하는데 목사님은 정년이 있어서 힘들겠지만 주일학교 교사는 정년이 없는 것 같으니 그렇게 기도하며 섬기다가 생을 마감할 수 있다면 정말로 행복할 것만 같다.

21

구역예배 이야기

　한국교회가 오늘처럼 부흥한 원인 중 하나가 구역조직이라고 분석한 자료를 본 적이 있다. 나도 맞는 말이라고 생각한다.

　구역조직은 교회의 기본 조직이 되고 잘 훈련되고 신실한 구역장님들은 목회자 이상으로 구역원들을 잘 관리하고 신앙의 멘토 역할은 물론 목회자들이 알 수 없는 세세한 부분까지 구역원들을 잘돌보는 경우를 많이 봤다. 나의 첫 구역예배는 교회를 출석한 첫해 추석때 시골에 명절을 쇠러 내려가서 였다. 얼떨결에 엄마를 따라 갔는데 갑자기 헌금 기도를 시켰다. 단 한번도 공적인 자리에서 기도를 해본 적이 없던 나는 당황했다. 못한다고 할 겨를도 없이 헌금기도를 하라고 하고는 모두 눈을 감고 고개를 숙이고 있으니 어떻게 할 도리가 없었다 뭐라고 기도했는지 전혀 기억이 없고 기도 때문에 곤란을 당한 처음

이자 마지막 사건이었다.

전에 출석하는 교회에서 결혼을 하고 나니 당시 함께 교사로 섬겼던 구역장님께서 구역예배 때 참석하라고 하셨다. 처음엔 어색했지만 그러기로 하고 가끔씩 드리는 예배에 참석하게 되었다. 당시 매주 구역 예배를 드리지 않았으므로 우리 생활에 별 비중을 차지하지 않았다. 그러나 해가 바뀌면서 구역 조직을 다시하고 구역장님이 바뀌면서 본격적으로 구역 예배를 드리기 시작했다. 그 구역장님은 우리교회에 출석 하신지 얼마 안되는 분이셨고 그때는 우리와도 서로 잘 알지 못하는 상태였다. 본인은 구역원들 모일수 있도록 할테니 예배 인도는 나보고 하라고 하셨다. 그동안 교사와 청년회 성경공부 리더도 했던 경험도 있었고 또, 주일학교에서 전도사님이 공석일때는 주일학교 설교를 거의 내가 맡아 했으므로 나도 즐거운 마음으로 예배를 인도했다. 청년회 성경공부 인도 때 누가복음을 몇 번 공부한 적이 있어서 누가복음을 1장부터 차근차근 어설프지만 강해 설교 비슷하게 해나갔다. 전에 공부해본 본문이지만 준비 없이 예배를 드린 적은 없고 항상 나름대로 최선을 다해 기도하며 준비했다. 나중에 들은 얘기인데 그당시 구역장 부부집사님들은 구역예배가 너무 좋아서, 시골서 올라와 어렵게 교회를 정했는데 이래서 우리교회로 인도하셨나보다 할 만큼 큰 은혜가 되었다고 말씀하셨다. 워낙 열심이신 구역장님은 전도를 하는데 교회로 먼저 데려온 것이 아니고 구역예배때 초대를 한 적이 있었다. 그래서 그분은 교회예배보다 구역 예배를 통하여 예배를 경험하고 교회예배도 드리게 되었다. 나중에 그 분 집에서 예배를 드릴 때 예배가 끝난 뒤 차를 마시고 있는데 늦게 들어오신 남편분께서 "아니 더운데 맥주한잔씩 드시죠."하면서 냉장고에서 캔맥주를 꺼내와 웃은 적이 있다.

나는 스물 다섯살 되던 해부터 예수님을 믿었다. 교회를 모르던 시절에는 예배당 안에 들어가는것 자체가 굉장히 부담스러웠던 기억이 있다. 그러므로 구역예배를 통하여 성도들의 사는 모습과 주 안에서 교제하는 모습을 전도 대상자들에게 보여주는 것은 좋은 전도 방법이 될수도 있다고 생각한다.

구역예배 때 이런 원칙을 정해 주었다. 너무 많은 간식을 준비하지 말라고 했다. 아니 왜 그러냐고 해서 첫째는 간식 때문에 예배보다 다른데 신경 쓰지 않게하기 위해서였다, 그래야 마르다 보다는 마리야가 많아질것 같아서였다. 또 다른 이유는 한 집에서 풍성하게 준비하면 그 다음가정은 그만큼은 준비해야 된다는 부담이 되고, 그러다 보면 형편이 어려운 집에서는 엉뚱한 핑계를 대고 구역예배를 못 드리는 경우가 생길수 있으니 참아 달라고 했다. 모두들 좋아했고 모두가 행복한 예배를 드릴 수 있었다. 그래서 간식을 많이 준비한 가정은 오히려 미안하다며 설명을 해야 했다. "오늘 우리집에 이런 이러한 일이 있어서 간식 많으니까 뭐라고 하지 마세요," 혹은 "어제가 누구 생일이어서 이번 예배때는 식사 대접 할테니까 식사들 하지 말고 오세요"하셨고, 한 분은 매번 식사를 대접 하시고 싶어해 내가 못하게 했더니 그 분의 사정을 잘 아는 누나가 저 혼자 사시는 권사님은 구역예배 때 식사대접 하시는 것을 낙으로 아시니까 그냥 할 수 있도록 해 드려라 해서 한동안은 그 권사님 댁에서 예배 때마다 우리도 즐거운 마음으로 저녁식사 대접을 받았다. 또 남자들이 같이 예배를 드리니까 좋은점은 여자들끼리 예배를 드릴때, 다 그런것은 아니지만 예배후 쓸데없이 교회 흉을 보거나 남들 얘기를 하지 않아서 좋다는 분들도 있었다. 한번은 우리가정이 다른 구역으로 옮겨서 드린 첫 예배 때였다 나는 몰랐는데 설교를 한시간이나 했다. 예배가 끝나자 친하게 지내는 한 청년이 "집사님 무슨 구역예배 설교를 한시간이나 해요" 해서, 내가 그렇게 길게 한 줄 알았다. 다행히 나도 열정적으로 전했고 듣는 분들도 잘 들어 주어서 지루한 줄은 몰랐다. 그런 일에 조금 비판적인 청년이 그 자리에 함께 있었는데 그 청년도 그 날에 말씀이 은혜가 되었는지 "집사님 아주 좋았어요." 해서 기분좋게 넘어갔다. 대신 별 내용이 없을 때는 단 5분만에 간단하게 말씀 전하는것으로 끝날 때도 있었다. 괜히 시간을 채우기 위해 설교내용을 늘리다 보면 쓸데없는 얘기나 내 개인의 얘기가 많아지므로 나름대로 최선을 다했다.

덕분에 구역을 재 조정 할때마다 우리가정은 제법 인기있는 가정이 되었다.

지금 생각해 봐도 참 아름다운 모임이었고 너무나 좋은 성도님들이었다. 그 후 세월이 흐르며 집에서 살림만 하던 여집사님들도 사회생활을 시작하는분들이 많아지셨고 서로가 바쁘게 살다보니 구역 모임은 점점 시들해진것 같다.

높은뜻 숭의교회에 와서도 순예배를 몇번 드렸다. 푸른교회로 분립후 몇 번 목장모임을 교회에서 가졌다. 이제는 나도 더 바빠졌다. 아

버지학교를 섬기다 보니 화요일과 토요일 저녁은 시간이 안되고 수요
일날은 특별한 일이 없는한 수요예배 참석하고 금요일은 주로 영락교
회 심야예배를 참석하다보니 저녁시간 내기가 보통 힘든 것이 아니다.
그러다보니 이제 쉴물가 모임을 주일날 교회에서 하는데 문학의 집에
서 예배 드릴 때는 주일학교 예배 때문에 나는 시간을 맞출 수가 없었
다. 서울고로 온 후에는 2부 예배후에 모이기로 했는데 지난번에는
주일학교 일로 참석하지 못했다. 나 때문에 일부러 내 시간에 맞추었
는데 정말 죄송했다.

　이제 형태는 예전과는 달라졌지만 교회에 따라 '구역예배' '목장모임'
'셀모임' 등 여러가지 이름으로 불리고 있지만 모임의 성격이나 방법
은 조금씩 변했겠지만 그래도 본질은 똑같지 않을까 생각한다 예수를
믿는 가정들이 모여서 각 가정을 돌아가며 예배드리며 서로 기도해주
고 교제하는 모습은 정말 하나님이 기뻐하는 모습이요, 초대교회의
아름다운 모습이라 생각한다.

　점점 사는 것이 바쁘고 힘들다 보니 구역예배 드리기가 힘들어지고
또한 아내를 떠나보내고 혼자가 되고 난 뒤로는 구역예배 드리는 것
이 어쩐지 쑥스럽고 부담스럽다. 그러나 그 옛날 사랑하는 아내와 어
린 아이들과 함께 다니며 예배하던 아름다운 그 시절은 잊을수 없는
아름다운 추억이다.

22

진리안에서 자유

내가 처음으로 교회에 다니고 싶다고 생각한 것은 이십대 초였다.

당시 우연히 연세대학교 철학과 교수이셨던 김형석 교수님의 책을 읽게 되었고 그 이후 그분의 책을 계속 읽으며 세상을 보는 새로운 눈을 갖게 되었다. 시골에서 중학교를 졸업하고 사회생활을 시작한 나에게는 그분의 책들은 큰 영향을 끼쳤다. 『고독이라는 이름의병』, 『홀로 있는 시간을 위하여』, 『사랑과 영원의 대화』 등을 읽으며 성인으로 가는 길목에 있던 나는 내 인생관을 정립할 수 있었고 앞으로 어떤 삶을 살아야 할지 인도해주는 좋은 삶의 지침서가 되어주었다. 그 영향으로 그분 외에도 안병욱 교수님, 김동길 교수님등의 책을 통해 인생을 배워나갔다.

그래서 내 인생에 가장 큰 영향을 끼친 분을 뽑으라면 예수님 다음으로 김형석 교수님이라 생각한다.

그분의 책을 통해 정말 많은 것을 배웠으며 또 언젠가는 나도 교회에 다녀야겠다는 생각을 하게 되었다.

그때는 교회를 다녀도 지금처럼 신앙생활 할 생각은 물론 아니었다. 그냥 믿지 않는 사람의 눈에도 온가족이 주일날 손잡고 교회 가서 예배드리 나오는 모습은 신앙과 관계없이 아름다워 보인다.

나도 그런 교회 생활을 꿈꾸었다. 그리던 중 어머니의 암 진단으로 인해 어쩔 수 없이 교회 다니면서 가장 불편할 것으로 생각한 것은 이제 내 마음대로 자유롭게 살 수 없을 것이라는 생각이었다.

교회 다니려면 우선 술을 끊어야 하고 이제 하나님을 믿으니 더 착하고 선하게 살아야 되니 그동안 누렸던 많은 자유를 빼앗긴다고 생각했다.

그런데 교회 출석해보니 내 생각엔 신앙생활을 하게 되면 자유를 빼앗긴다고 생각했는데 밖의 세상보다 교회 안에서 더 자유를 외치고 있었다. "나 자유 얻었네. 너 자유 얻었네. 우리 자유 얻었네", "죄에서 자유를 얻게 함은" 등등 그런데 그 당시 나는 교회란 자유를 주는 곳이 아니라 오히려 내 자유를 빼앗는 곳일 거라고 생각했다.

더 그렇게 생각했던 것은 일요일 예배 한번 드리는게 기독교의 신앙생활인줄 알았는데 막상 교회에 출석해보니 안식일을 거룩하게 지켜야 한다며 주일은 돈 벌어도 안 되고, 돈 써도 안 되고, 십계명이 있어서 겁주는 이야기도 많고 수입의 십분의 일은 십일조라는 명목으로 헌금해야 하며 그리고 헌금종류는 왜 이렇게 많은지 십일조, 주일, 감사, 부활절, 맥추감사절, 추수감사절, 성탄절, 신년 등등 아무튼 숨 좀 돌릴 만하면 절기 하나씩 튀어나왔고, 또 예배는 왜 이렇게 많은지 주일낮예배, 저녁예배, 수요예배, 금요철야, 구역예배, 새벽예배... 그야말로 이거 완전히 잘못 걸려 들었구나 라는 생각이 들 정도였다.

전도지에는 "수고하고 무거운 짐진 자들아 다 내게로 오라 내가 너희를 편히 쉬게 하리라" "사랑하는 자여 네 영혼이 잘됨같이 네가 범사에 잘되고 강건하기를 내가 원하노라"

뭐 이런 식으로 꼬셔놓고 막상 교회에 오니까 완전히 안면 바꾸는 게 아닌가? 꼭 무슨 호객꾼들이 유혹해서 따라 갔다가 바가지 쓴 그런 기분이었다.

그래서 그런지 "나 자유 얻었네" 하며 앞에서 찬양을 인도할 때 할 수 없이 따라하지만 찬양을 인도하는 사람도 기뻐서가 아니라 저렇게 해서 하나님께 복 받기 위해 억지로 하는 것 처럼 보였고 겉으로는 나 자유 너 자유를 노래했지만 속으로는 뭔 소리야 내 자유 다 빼앗아가면서... 그때 내가 부러워한 사람 중 한명은 십자가상의 강도였다. 평생을 자기가 하고 싶은 대로 죄짓고 세상의 재미와 쾌락 다 누리고 살다 죽기 바로 전에 예수님을 만나 천국에 가게 되었으니 이 얼마나 행운아인가?

나도 그러고 싶은데 그 당시 많이 들은 간증이나 설교예화는 내가 예수님 떠났다가 쫄딱 망하고 다시 돌아왔다던가 교회를 떠났다가 병걸려 죽을 고생 다하다가 다시 돌아왔다며 탕자처럼 살지 말라는 간증과 예화가 판치니 그럴 수도 없었다.

어머니의 질병, 형의 질병, 최악의 직장생활 거기에 막내 동생의 죽음 최악의 환경인데 그래도 교회를 떠나지 못한 것은 예수님을 구주로 믿는 믿음은 없었지만 교회를 떠나면 벌 받아 더 고생하거나 어머니가 잘못될수도 있다는 믿음은 있었다. 그래서 다른 글에서 밝힌 것처럼 연말까지 성경에서 요구하는 모든 걸 다 해보기로 했다.

그래서 주일낮예배와 저녁예배는 물론 8월 중순부터 새벽기도회도 참석했고 금요철야예배는 7년간 개근했다. 십일조는 투자개념으로 했다. 그때 월급이 20만 원 정도였으니 일 년 해야 24만원, 까짓거 어디 한번 해보지 뭐 24만원 없다고 못사는 것도 아니고 성경이 맞다면 온전한 십일조를 드리면 쌓을 곳이 없도록 많이 준다는데 주식하는 셈 치고 투자 개념으로 했다.

그런데 하나님은 그렇게 호락호락한 하나님이 아니었다. 결국 십일조는 투자개념이 아닌 믿음이 아니면 드릴 수 없는 환경이 되어 믿음으로 드리게 하셨고, 많은 고난을 통해 마치 돌이 조각가의 손에 깎여 아름다운 조각품이 탄생하듯 나의 고집과 자아가 깎여 나가며 하나님 안에서 나는 새롭게 태어나게 되었다.

처음 예수님을 믿을 때 성경을 깨닫고 진리를 알아가는 기쁨도 있었지만 그와 동반하는 것은 그에 따른 책임도 있었다. 성경은 많이 알면 알수록 지켜야 할 책임과 의무도 많아지고 그만큼 내 자유도 빼앗긴다 생각했다. 어떤 계명을 알고 나서는 정말 아는 게 병이고 모르는 게 약이란 생각도 들었다. 그러던 어느 날 나도 모르는 사이 나는 예수님을 내 구세주로 믿고 있는 나 자신을 발견했다. 그 이후 죄로부터 완전히 자유로워지고 유혹받지 않는 것은 아니지만 내 안에는 예수님 믿기 전보다 더 큰 자유와 평안이 있음을 알았다.

이제 성경을 깨닫는 것이 짐이 아니라 진리를 알아가는 즐거움이 되었다. "진리를 알지니 진리가 너희를 자유케하리라" 라는 말씀처럼, 애굽을 떠나 가나안을 향해가던 이스라엘 백성들은 광야 길에서 어려움을 만날 때마다 모세를 원망하고 하나님을 원망하고 애굽의 종 되었던 시절을 오히려 그리워 한다. 그러나 그들은 가나안 땅에 들어가서부터는 애굽을 그리워하지도 않고 어려움 앞에 지도자나 하나님을 원망하지 않는다. 그동안 그들은 광야를 지나 믿음으로 요단강을 건넜기 때문이다. 우리가 신앙생활을 하면서 세상을 그리워하고 때론 그들을 부러워하는 것은 우리의 영혼이 아직 광야에 머물고 있기 때문이다. 나 역시 한동안은 그런 시간을 보냈다. 나도 교회 안다니면 저들과 함께 신나게 놀텐데. 오늘 교회가지 않고 더 즐거운 시간을 보낼 수 있을텐데 하며 이스라엘 백성들이 광야길에서 애굽에서 먹던 고기 몇 점을 잊지 못했던 것처럼 세상의 죄악과 쾌락이 그립고 더 누리고 싶은데 하나님께 벌 받을까봐 두려워서 신앙생활하던 시절이 있었다.

이제 완전하진 않지만 이전 세상의 삶을 그리워하지 않는다. 오히려 내가 좀 더 일찍 예수님을 만났으면 더 좋았을 텐데 하는 아쉬움뿐이요. 이제 길이요 진리요 생명이신 예수 그리스도 안에서 참 자유를 누리며 살고 있다.

23

묵상 이야기

신앙생활 초 새벽기도를 열심히 하다가 교회 분란으로 잠시 쉬었던 새벽기도를 다시 시작하는 것은 쉽지 않았다. 무언가에 끌려 다니듯 했던 새벽기도였다. 나는 실제로 그때에 성령님께 이끌리어 다녔다고 생각한다. 그때 이런 기도들 참 많이 했다. 하나님 제가 성도로서 살면서 기도의 사람이 되게 해 주세요. 마지막 날 주님 앞에 섰을 때 하나님으로부터 너는 세상에 살 때 기도의 사람이었지. 이런 칭찬 듣고 싶습니다.

그러나 한번 편한 맛을 본 내 몸은 다시 새벽 기도하는 게 힘들었다. 그리고 그때의 내 형편도 이제 극한 어려움에서 벗어나 그만큼 간절한 마음이 없었던것 같다. 그래서 하나님 앞에 항상 미안한 마음으로 살아가는데 그때에 우리나라에 빛과 소금이라는 잡지가 창간되었다.

내 직업이 인쇄업이고 책을 제작하는 일도 나의 중요한 업무 중 하나인지라 서점에 가면 책을 사기도 했지만 요즈음 책은 어떤 스타일이 주류인지도 살피기 위해 가끔 서점을 방문하곤 하던 때였다. 당시 빛과 소금 잡지는 나에게 큰 충격이었다. 기독월간지를 이렇게 고급스럽게 만들다니 당시의 기독출판물의 대부분은 고급스런 디자인보다는 그저 싸고 저렴하게 만들어 보급하는 게 최고라고 생각 할 때였는데 이 잡시는 최고의 디자인에 아주 고급스런 책이었다.

결과적으로 이 책은 단번에 기독출판물의 수준을 몇 단계 업그레이드 시켰다. 그 이후 많은 기독출판물이 촌티를 벗고 세상의 다른 출판물들과 비슷한 수준으로 올라오는 계기가 되었고 기독홍보지나 출판물을 전문으로 디자인하는 기업들도 생겨났다.

그런데 재미있는 것은 우리 같은 회사에 와서는 인쇄비를 깎는 분들도 그 고급스럽게 디자인하는 회사에 가서는 몇 배 비싸도 그대로 다 지불하는 것이었다. 마치 사람들이 시장에서는 싸구려 옷을 깎으면서 백화점에서는 비싼 값 다 주고 구입하듯. 그런데 그 잡지가 내 관심을 끄는 것은 그 부록이었다.

생명의 삶이라는 Q.T.용 소책자였다. 새벽기도를 하지 못해 하나님께 면목이 없던 터인지라 새벽기도 못가는 대신 이 교재로 집에서 성경 읽고 기도해야지 하고 시작했는데 이게 잘되질 않았다 잠도 덜 깬 상태에서 성경을 읽으려니 졸리기도 하고 새벽 첫 시간인데도 성경책만 펼치면 왜 이리 잡생각이 많이 드는지 책을 읽고 묵상하려 하면 본문묵상은 안되고 온갖 잡생각만 났다. 그러다 보니 매번 작심삼일이 계속 되었다. 나중에 보니 생명의 삶 책자는 몇 년치가 모여 있었지만 제대로 Q.T.는 해보지 못했다.

결혼 후 아내도 나만큼이나 많은 생명의 삶을 가지고 있지만 둘 다 제대로 Q.T.하지 못했다. 그래서 우선 강의를 들으려고 했는데 그것도 결국 하지 못했고 나중에 아버지학교에서 기도 모임 때 Q.T. 강사에게 강의를 들었는데 나 같은 경우는 초신자 때부터 주일학교 교사를 시작했고 또 얼마 되지 않아서 청년회에서 성경공부를 인도하게 되어서인지 성경을 그냥 다독하기보다 정독했다. 계속 주석을 함께 보면서 성경을 읽어서 그런지 이분들 강의가 영 내 맘에 와 닿지 않았다.

너무 성경을 아전인수로 해석하고 자기 맘대로 갖다 붙이는 것 같아 오히려 불편했다.

그러면서 드는 생각이 나는 정말 말씀묵상을 못하는 걸까? 하는 생각이었다. 그런데 생각해보니 나는 말씀묵상을 꽤 많이 하는 편이라는 생각이 들었다. 다만 방법이 달랐을 뿐이다. 내가 주로 묵상한 방법은 교사를 하면서는 그 주간 공과내용을 주로 묵상했다. 일주일 내내 공과내용을 묵상하며 지냈다. 내 신앙생활 패턴은 아침에는 주로 기도하고 저녁에는 성경이나 공과나 성경공부 인도를 위한 책들을 주로 읽었고, 일반 신앙서적은 주로 들고 다니며 지하철 출퇴근길이나 짜투리 시간에 읽었다.

또 청년회 성경공부를 인도하면서부터 일주일 내내 성경본문 한 장을 붙잡고 씨름했다. 그래서 교회에서 일주일 동안 성경 읽은 시간을 기록하라고 하면 하루에 꽤 많은 시간 성경과 참고서적을 읽었지만 쓸 게 없었다. 특별히 청년회 성경공부를 인도하던 초기는 그야말로 앉으나 서나 그 본문 생각뿐이었다.

누가복음이었는데 초신자 주제에 참고서적도 없이 하다 보니 정말 자다가도 누가 "누가" 소리만 해도 벌떡 일어나고 기독교 방송을 들으며 일을 하다가도 누가복음 얘기만 나오면 일을 멈추고 들을 만큼 집중했다.

그러다 보니 나는 자연스럽게 성경 묵상하는 습관이 생겼다. 집에서 회사까지 출퇴근 코스는 미아역에서 충무로역까지 약 18분정도 걸리는데 이 시간은 공과공부나 설교 시간과 비슷하다. 공과공부시 출석 부르고 뭐하는 하는 시간을 빼며 실제공과 공부시간은 약 20분정도 된다. 나는 지하철을 타면 내릴 때 까지 머릿속으로 공과공부를 시작한다. 시작은 이렇게 하고 이걸 물으면 요놈이 이렇게 대답하겠지. 그럼 다시 이렇게 질문하고 말을 잘 안 하는 이 녀석에게는 이걸 질문하고 이렇게 하다 보면 내릴 때 쯤 공과를 끝낼 수 있다.

그리고 주일 실제로 거의 그대로 한다. 한때는 한 주간에 오전 오후 두 번의 주일학교 설교와 공과준비, 토요일 성경공부인도, 화요일 직장에서의 예배인도를 하던 때가 있었다.

그때는 하루에 한과씩 준비해야 했다. 그러다 보니 하루 종일 말씀을 묵상하지 않을 수 없었다. 도대체 내 본업이 뭔지 그래서 퇴근 후 누가 만나자고 하면 저는 퇴근 후가 더 바쁜 사람입니다. 말했다. 금요일 철야 기도와 토요일 청년회 모임 시간을 빼면 실제로 저녁 시간 일주일 중 준비할 수 있는 날은 5일 뿐이었다. 그러니 잠자리에 들 때에도 그렇게 머리 속으로 설교하거나 분반공부하며 잠들곤 했다. 덕분에 아버지학교 강사가 되어 첫 강의를 준비할 때 별 어려움이 없었다. 강의에 뼈대를 세우고 살을 붙이는 것은 이미 성경공부 인도를 위해 준비하면서 자동으로 습득이 되었고 강단 위에서 시선 처리도 자연스러웠다. 30여 년간 매일 한두 편의 설교를 듣다 보니 그것이 쌓이고 쌓여 예화 준비하는 데는 어려움이 없었다. 오히려 많은 예화 중 어떤 예화가 가장 적절한지 골라야 했다. 그렇게 많이 듣고 묵상한 덕분에 별 어려움 없이 강의안을 만들었다. 그리고 첫 강의 전 머릿속으로는 수십 번 강의를 연습했다. 잠자기 전 출퇴근길 또 운전을 하면서 공과나 성경 공부를 준비 할 때처럼, 드디어 첫 강의를 하게 되었다. 첫 강의는 김포지부였다. 강의를 하러 갔는데 사람들은 대개 첫 강의 때 두렵고 떨린다는데 나는 빨리 강의하고 싶어서 안달이었다.

진행자가 시간을 너무 끄는 것 같이 느껴졌고 간증은 왜 그렇게 길게 느껴지는지 그리고 강의하기 위해 강단에 섰다. 단 한 번도 막히거나 버벅대지 않고 연습했던 그대로 강의는 PPT 없이 거의 원고를 보지 않고 시간도 정확히 지키고 끝났다.

강의 마치고 돌아올 때 배웅해 주던 형제가 거의 감탄하는 말투로 이렇게 말했다. "저 형제님 오늘이 첫 강의라고 하지 않으셨나요? 와~ 말씀 진짜 잘 하시네요" 이게 강의를 잘 했다는 건지 그냥 달변이라는 건지 조금 헷갈렸지만 그들도 첫 강의를 하는 강사니까 걱정을 했던 모양이었지만 무사히 잘 마쳤다. 성경말씀을 깊이 묵상하다 보면 정말 다윗이 왜 주의 말씀이 꿀송이보다 더 달다고 했는지 이해할 수 있다. 정말 우리가 맛있는 음식을 먹을 때 씹으면 씹을수록 고소하고 깊은 맛이 느껴질 때가 있다. 바로 하나님의 말씀이 그랬다.

나는 83년부터 89년까지 우리나라에서 개봉한 외화 중 포르노 영화 빼고 다 봤을 만큼 영화광이었다. 청소년 시절에는 주로 삼류영화관에서 동시 상영하는 영화를 많이 봤다. 그 중에 아직도 기억에 남는 장면 몇 개가 있는데 한 영화에서 어떤 무술의 고수가 다른 여러 고수를 만나 대결하는 그런 영화였다. 그는 상대편 무술 자세만 보아도 어떤 무술인지 알아 거기에 맞는 자세로 대결하여 모든 고수들과의 대결에서 승리한다.

우리 성도들도 말씀을 읽고 묵상하면 그런 능력이 생긴다고 생각한다. 영화 속 주인공이 상대편 무술 자세만 보아도 무슨 무술인지 알아 그에 맞는 자세로 싸워 승리하듯 우리도 승리할 수 있지 않을까? 세상 살면서 우리가 성경적인 삶을 살려고 할 때 성경이 우리의 모든 삶에 대하여 십계명처럼 분명하게 말해주는 경우도 있지만 모든 삶에 대하여 구체적으로 가르쳐 주지 않는다. 그러나 우리의 머릿속에 성경말씀이 들어 있다면 많은 부분을 성경적인 답을 찾을 수 있다.

나는 어떤 문제를 부딪히면 머릿속에서 성경을 찾는다 그리고 그안에서 답을 찾으려고 노력한다. 하나님의 뭐라고 말씀하셨는지 예수님이라면 어떻게 하실지... 그러면 직접적인 답이 아니어도 비슷한 말씀을 찾아 적용할 수 있다. 그리고 때론 성경 읽을 때 내가 궁금해 하는 것에 대해 성경은 뭐라고 말하는지를 생각하며 읽으면 훨씬 집중해 읽을 수 있다.

지금도 그렇지만 예전에 목사님 사례비 때문에 많은 분들이 고민하는 것 같았다. 그래서 과연 성경은 어떻게 말할까를 생각하며 읽은 적이 있다. 성경에는 목사님 전도사님 사례비를 얼마를 주라는 말은 없다. 그래도 얼마든지 참고할만한 예는 있다고 생각했다.

내가 참고로 한곳은 이스라엘에 백성들이 가나안을 정복한 후 각 지파별로 땅을 나누어 주면서 레위지파에게는 집만 주고 땅을 기업으로 주지 않고 각 지파의 십일조로 생활하게 한다. 그때 열한지파는 인구가 많은지파도 있고 적은 지파도 있다. 그 열한지파의 십일조로 생활하는 레위지파는 이슬라에 백성들의 평균보다 조금 많은 경제적인 삶을 누렸으리라 생각했다. 그리고 그 안에는 레위지파는 먹고사는 문제로 걱정하지 말고 성전에서의 일을 할 수 있도록 하셨다고 생각한다. 따라서 오늘날에도 그 기준으로 목회자의 사례비를 결정한다면 큰 무리가 없으리라 생각한다.

그러면 우리 평신도들은 얼마나 성경을 알면 좋을까? 몇 년 전 영락교회에서 철야기도회 때 어느 목사님이 그런 말씀을 하셨다. 성도님들이 목회자만큼 성경을 알 수는 없겠지만 성경에 이런 내용이 있다는 정도는 알았으면 좋겠다고 말씀 하셨는데 나도 동감한다. 이번에 장로 고시 예상문제를 보면서 많이 부끄러웠다. 나는 비교적 성경을 많이 알고 있다고 생각했는데 구약 선지서 부분은 정말 생소하게 느껴졌고 내용이 너무 많았다. 그래서 앞으로 성경을 좀 더 꾸준히 읽고 묵상해야겠다는 생각을 했다.

예수님도 마귀에게 시험 당했을 때 그것을 물리치신 것은 바로 하나님 말씀이었다. 사도 바울도 구약에 대한 충분한 지식이 있었기에 전도자의 길을 가며 많은 사역을 할 수 있었고, 수많은 유대인들과의 토론에서도 논리적으로 그들과 대화 할수 있었던 것은 그만큼 구약성경에 능통한 사람이었기 때문이라고 생각한다. 성경은 우리에게 말씀의 검, 성령의 검을 가지라고 했다. 검이 있다고 모든 사람이 무기로 잘 활용하는 것은 아니다.

살 훈련된 사람 손에 들린 검은 무서운 힘을 갖지만 훈련받지 못한 사람에게는 몽둥이나 별 차이가 없을 수도 있다. 그래서 말씀을 깊이 묵상한 사람의 심령 속에 있는 말씀에는 큰 힘과 능력이 있다고 생각한다.

묵상하는 것이 훈련이 잘 안된 분들에게는 이렇게 시작해보라고 권하고 싶다. 그것은 주일 담임목사님의 설교와 본문말씀을 일주일간 묵상하는 것이다. 그렇게 한다면 설교말씀도 더 집중해서 듣게 되고 하나님의 뜻과 그 말씀을 통하여 주시고자 하는 담임목사님의 마음을 동시에 알 수 있을 것 같다.

사람은 평소 무엇을 생각하며 살까. 그것은 자신이 지금 가장 중요하다고 생각하는 것이나 사랑하는 것을 묵상하며 살 것이다.

사랑에 빠진 사람은 사랑하는 연인을, 돈을 사랑하는 사람은 돈을, 세상을 사랑하는 사람은 세상의 쾌락을 묵상할 것이다. 나는 지금 무엇을 가장 많이 묵상하는가? 그 속에 내 영혼의 상태가 고스란히 담겨 있지 않을까?

그러고 보니 요즈음 나도 별로 자신 없다. 전에는 성경을 계속 가르치는 입장에 있다 보니 말씀을 많이 묵상했는데 이제 그런 일이 없다 보니 말씀을 묵상하기 보다는 헛된 공상이나 쓸데없는 생각을 하는 시간이 많아진 것 같다. 아버지학교 강의도 매번 같은 강의를 다른 사람들에게 하다 보니 처음의 열정이 많이 식었다.

　복 있는 사람은 악인의 꾀를 쫒지 아니하며 죄인의 길에 서지 아니하며 오만한 자의 자리에 앉지 아니하고 오직 여호와의 말씀을 묵상하는 자라 했으니 우리 모두 하나님의 말씀으로 돌아가 그 말씀을 묵상하자 그러면 그 자체가 큰 복이니 그 복을 누리며 살아보자.

24

성경과 거울

　현대인들에게 거울은 이제 생활 필수품이 되었다 어디를 가든지 자주 볼수있다. 대부분의 여성들은 거울을 핸드백 속에 가지고 다니고, 꼭 거울이 아니더라도 도시에서는 우리 모습을 비춰볼만한 것들이 곳곳에 있다.

　요즈음은 지하철 안에서도 손거울을 보며 화장을 하는 여성들을 종종 보게되고 자동차 백밀러에 자신을 비추어 보는 사람들도 보았다. 고린도전서에서 바울이 거울에 대해 표현한 것을 보면 '지금은 거울을 보는 것 같이 희미하나 그때는 얼굴과 얼굴을 맞대고 볼 것이요' 라고 표현을 한 걸 보면 신약성경이 쓰여지던 시절에는 지금 우리가 사용하는 것과 같은 선명한 유리거울은 없었나보다. 예전에 사촌형을 도와주던 시절 바로 옆에 유리가게가 있었는데 그때보니 똑같아 보이는 거울 가격이 달라서 왜 그러냐고 물었더니 유리 두께에 따라 거울

값이 다르다고 했다. 그래서 굳이 비싼 두꺼운 유리를 쓸 필요가 있냐고 했더니 유리가 두꺼울수록 멀리서 비춰봐도 찌그러지거나 휘지 않고 똑바로 보인다고 했다. 아! 그런 비밀이 있었구나 그래서 멀리서 비추어 볼 때 휘어저 보이고 찌그러져 보이는 거울은 유리가 얇은 싸구려였구나 하고 생각했다. 신앙인들도 겉모습은 비슷하지만 얼마나 깊은 믿음생활을 하느냐에 따라 쉽게 흔들리는 사람도, 어떠한 시험과 환란에도 흔들림없이 믿음의 길을 가는이들도 있다. 내 믿음에 거울은 얼마나 두꺼운지 생각해보자.

나는 지금까지 살아오면서 개인적으로 작은 거울을 두번 선물 해주었다.

첫번째는 총각시절 내가 좋아하던 자매에게 했다. 좋아는 하지만 불신자여서 가까이 가지도 못하고 잡지도 못하고 어정쩡하게 만나던 시절이었다. 그 당시 우리 직원 중에 고등학때까지 탁구 선수를 하던 자매가 있는데 하루는 일본에서 시합을 하고 온 친구가 줬다며 탁구 라켓 모양의 특이한 예쁜 손거울을 보여 주었다. 나는 그 거울을 사정반 협박반 해서 간신히 얻었다. 그리고 그 해 연말 그 손거울과 성경책을 좋아하던 자매에게 선물하였다. 거울을 보고 외모도 예쁘게 가꾸고 성경을 보며 믿음도 가지고 영혼을 아름답게 가꾸기를 바란다는 부탁과 함께, 그러나 나중에 보니까 거울은 얼마나 열심히 봤던지 라바가 찢어지고 너덜너덜 해졌는데 그때까지 신앙생활을 하지 않았으니 아마 성경책은 속은 깨끗하고 겉은 먼지 투성이였으리라 생각했다.

성경책이 너덜너덜 할 만큼 읽었으면 더 좋았을텐데……

두 번째는 아버지학교를 처음 진행 할 때 였다. 지원자 중에 아내로 부터 이혼 소송을 당한 상태에서 딸의 권유로 아버지학교에 온 형제가 있었다. 그런 상황이다 보니 그 형제의 얼굴은 항상 일그러져 있었다. 5주차 수료식날 별거중인 그 아내가 힘들게 수료식장에까지 오기는 했는데 자리에 동석하지도 않고 2층 구석 남들이 보이지 않는곳에서 지켜만 보고 있었고 인터뷰를 할 때에도 앞에 같이 나와 주기를 바랐지만 끝내 거부 했다. 그래서 그 형제 혼자 나온 상태에서 인터뷰를 마친후 그 형제에게 작은 거울을 선물로 주며 거울에 담긴 사연을 설명해 주었다.

"그 거울은 제가 사용하던 것입니다. 그 거울을 사용하게 된 동기는 제가 몇 년전 아내를 먼저 하늘나라에 보내고 너무나 힘들었습니다. 그야말로 죽지못해 살고 있다고 할 만큼 힘든 때에 가끔 거울앞을 지나가다가 거울 속에 비친 내 모습에 내가 깜짝 놀라곤 했습니다. 누가 봐도 그야말로 죽을 상을 하고 있었기 때문입니다. 그래서 지금 내가 기쁜 표정으로 살 수는 없지만 그래도 너무 어두운 내 얼굴 표정을 바꿔야겠다는 생각에 내 책상앞 컴퓨터 모니터 옆에 그 거울을 세워 놓았습니다. 그리고 거울에 내 모습이 비칠 때마다 힘들어도 내 얼굴 표정을 바꾸려고 노력했습니다. 어느날 사무실에 온 손님이 모니터 옆 거울을 보고 무슨 남자가 책상에 거울을 놓고 보냐며 얼마나 이뻐지려고 그러냐고 해서 설명해 준 적이 있습니다. 지금 제가 완전히 회복되지는 않았지만 제 얼굴표정이 조금씩 밝아진데에는 그 거울도 한몫을 했습니다. 형제님도 힘드시겠지만 그 거울을 보면서 밝은 표정으로 바꾸어 나갔으면 좋겠습니다." 하면서 거울을 선물했다. 우리는 하루에도 몇번씩 거울을 보며 산다 그리고 거울속에 비친 내 모습을 보며 헤어스타일도 고치고 옷 매무새도 고치고 얼굴이나 옷에 무엇이 묻어 있으면 씻기도 한다.

그럼 우리는 하루에 얼마나 성경을 볼까? 혹은 얼마나 성경을 묵상하며 살까? 그리고 말씀을 통해 비추어진 내 영혼을 어떻게 가꾸며 살고있나? 야고보 사도는 "너희는 말씀을 행하는 자가 되고 듣기만 하여 자신을 속이는 자가 되지 말라 누구든지 말씀을 듣고 행하지 아니하면 그는 거울로 자기의 생긴 얼굴을 보는 사람과 같아서 제 자신을 보고 가서 그 모습이 어떠했는지를 곧 잊어버리거니와"라고 말씀 하셨다 거울을 보고 우리의 겉모습을 고쳐 나가듯 말씀을 통해 우리의 영혼을 고치고 가꾸며 살아간다면 우리의 삶의 모습이 더 경건하고 아름다워 지지 않을까 생각해 본다.

25

틀린 것과 다른 것

내 나이 스물즈음에 우연하게 운명철학을 공부하게 되었다. 가끔 손금을 볼 줄 안다고 하면 어디서 배웠냐는 질문에 '어허 내가 설악산에서 10년, 계룡산에서 10년, 지리산에 10년 등 …'농담을 했지만 누구에게 배운건 아니고 배우게 된 동기는 한 친구와 등산을 하게 되었는데 이 친구가 산에 오르다 틈틈이 웬 책을 열심히 읽었다. 그래서 무슨 책인가 봤더니 손금에 관한 책이었다. 그래서 왜 이런 책을 보냐고 물으니까 며칠 후 미팅을 하는데 손금을 좀 배워서 상대 여성과 자연스럽게 친해지고 싶어서라고 했다. 그 이후 서점에 갔다가 그 생각이 나서 손금에 관한 책을 사 보게 되었다. 재미로 주변 사람들 손금을 봐주게 되었는데 어떻게 알았냐며 신기해 했다. 그래서 신이 나서 더 배우게 되었고 범위를 넓혀서 관상과 사주학에 관한 책들까지 보게되었고 풍수지리나 성명학까지 두루 섭렵할 계획을 세웠는데 바로 그때에 교회에 출석하게 되었다. 지금도 가끔 얘기하지만 내가 예수 님을 만나지 않았다면 지금쯤 나는 미아리고개에 자리잡고 있을 가능 성이 상당이 높다.

그러니 내가 예수님을 만난 것은 여러가지로 감사하다. 그때 그런 것들을 배운 것이 이후에 나의 인생에 참 많은 영향을 끼쳤다. 우선은 무신론자였던 내가 신을 인정하게 되었다. 하나님을 믿은 건 아니지 만 무언가 사람의 능력이 미치지 않는 큰 영적인 세계, 신들의 세계가 있다는 생각을 하게 되었다.

손금과 관상을 조금배운 덕분에 재미있는 일들도 너무너무 많았다. 훈련소에서는 조교들이 나에게 손금을 보기 위해 일부러 나를 찾아다 녔다 덕분에 조금 편하게 생활했다 지금처럼 자가용이 많지 않던 시 절 기차 여행은 분위기만 잡히면 내 독무대였다.

처음에는 손을 안 내밀던 자매들도 결국은 다 손을 내밀게 돼 있다. 손을 꼭꼭 숨기는 자매가 있어서 옆에 남자 손금을 봐주며 '당신은 이 러이러한 여성과 결혼할 것이며 몇번의 실연을 겪고 몇번째 여성과 결혼할 것입니다.' 하니까 그런 것도 알 수 있나요? 하고 물어서 '그럼 요.' 했더니 결국 모두 손을 내밀었다. 언젠가 한번은 예비군 훈련장 에서는 주제발표를 하라고 하는데 한 사람이 나와서 30분정도발표를 하고 아무도 나오는 사람이 없어서 내가 나가서 1시간 30분간 손금과 성에 대한 얘기를 한적이 있다. 그때 나는 대한민국 예비군의 눈동자 도 그토록 빛날수 있다는 사실에 놀랐다. 문제는 다음 시간부터 휴식

시간마다 너무 많은 사람들이 손금좀 봐 달라고 몰려왔다. 남자들은 다 알겠지만 예비군 훈련장만큼 무료한 곳이 어디 있겠는가. 조교들이 정리를 해주고 한 친구는 옆에서 복채를 받는 진풍경이 벌어진 일이며, 친구들과 여행중 버스를 탔는데 한 친구의 옆자리에 기가막힌 미녀와 동석하게 되었다. 그 자매가 잠깐 무얼 사러 차에서 내리길래 그 친구에게 '야, 너 저 아가씨와 얘기하며 갈거냐?' 물었더니 자신이 없다고 해서 그럼 나하고 자리를 바꿔 달라고 한 후 비록 버스안에서의 시간뿐 이었지만 아름다운 미녀와 손잡고 즐거운 여행을해 친구들의 부러워 하기도 했다. 아내와 데이트 할 때에 춘천에 놀러 갔을때 였다 식당에서 둘이 점심을 먹고 있는데 한 커플이 나를 아는체 하며 '식사비는 제가 계산 하겠습니다.' 하고 우리 식사비를 내주고 갔다. 아마 기차안에서 손금을 봐준 커플 같았다. 즐겁게 데이트 하는 사람들에게 초치는 나쁜 얘기는 하지 않았을 것이고 아마 내가 맘에드는 좋은 얘기만 해 주었을 것이다 그리고 대부분의 사람들에게 운명론적인 얘기보다는 두사람의 성격과 기질을 파악하고 서로 살아가면서 조심할점을 주로 얘기해 주었으니 밥 한끼 값은 했을 것이다.

운명 철학을 배우며 느낀 것은 동서양의 차이였다. 동양인들은 모든 것을 운명론으로 풀었다. 예를 들면 관운이 있다거나 자식복이 있다는 등. 그런데 서양인들은 주로 성격과 기질로 풀었다 성격이 공직에 맞을거라든지 동양에서는 자손이 많을거라고 해석한걸 서양사람들은 정력이 좋다는 등 내가 보기에는 결국은 똑같은 의미였다.

그런 상황에서 신앙생활을 시작 하다보니 나는 빨리 하나님과 단판을 지어야 했다. 내가 기독교 신앙을 가질 것인지 아니면 다른 신앙을 가져야 될지를 판단해야 했기 때문이다.

초신자 때 그토록 열심히 성경을 읽고 기도하며 매달렸던것은 그런 배경도 한몫 했으리라 생각한다.

그 이후 다른 종교를 찾지 않은 것은 성경과 기도를 통해서 많은 경험을 하게 되었다. 매일 새벽기도와 금요철야 기도를 통해 너무나 정확하게 응답 되어지는 기도와 정말 흠을 잡을수 없는 성경속에 빠져들면서 정말 이것이 진리라는 생각이 들었기 때문이었다.

그래서 굳이 다른신앙을 체험하지 않아도 지금 내가 믿는 하나님이 참 신이라는 확신이 들었다. 운명철학을 공부하면서 느낀것은 세상에는 참 별의별 사람이 다 있다는 사실이었다. 가끔 우리는 도저히 이해가 안되는 사람들 볼 때가 있다. 그런데 그런 사람들이 이해가 되었고 내 삶속에 만나는 사람들 중에도 전에는 이해하지 못해 잘 비웃고 냉소적이며 때론 적대시했던 사람들이 이해가 되기 시작했다. 그 이후에 주일학교 교사를 하면서 그리고 지금 아버지 학교에서 많은 사람을 만나고 또 강의를 할 때에 얼마나 많은 도움이 되었는지 모른다. 사람은 타고난 성격과 자라난 환경, 종교나 교육이 한사람의 인격을 만드는것 같다. 그래서 나는 다른 사람의 행동이나 성격이 조금은 비정상적이어도 그것이 남에게 피해를 주는 일이 아니면 비난하지 않는다.

내가 김동호목사님을 좋아하는 이유 중에 하나가 남과 다름을 인정하고 포용해 주시는 것 때문이다. 아버지학교에서도 매우 중요하게 생각하고 가르치는것 중의 하나가 남녀의 다름이다. 이런 부분을 이해하지 못하면 나와 다름을 모자란 것이나 틀린것으로 생각 할 수 있고 내가 부족한 것으로 생각 할 수 있다.

서로 다름을 알고 인정하면 더 많이 이해 할 수 있고 더 많이 용서하고 사랑 할 수 있다. 특히 교회에서는 신앙 문제이다 보니 더 심한 경우가 있다 잘못하면 내 생각만이 진리라는 생각에 상대방을 마귀새끼 취급할 수 있다. 어느 교회에서 교회 건축을 하던중 강단 바닥을 붉은색으로 깔자는 보혈파와 녹색으로 깔자는 푸른초장파로 나뉘어 싸우다가 교회가 갈라졌다는 믿기 힘든 실화가 있다는 얘기는 우리를 절망케한다.

복음서를 보면 많은 사람들이 예수님을 만나 병 고침받는다. 예수님의 사역중 약 2/3가 치유사역일만큼 많은 사람들이 예수님을 찾아와 고침 받았다. 예수님을 만나 병고침 받은 무리를 나는 세 부류로 보았다. 첫째 가장 많은 부류는 예수님을 직접 만나 고침받은 사람들이다. 그중에서 가장 적극적인 사람은 지붕을 뜯고 내려와 예수님을 만난 중풍병자와 그 친구들이다. 그리고 중풍병의 특징은 움직이기 힘든 것인데 가장 적극적으로 예수님을 직접 만났다.

아무리 이스라엘 집의 지붕이 허접하다해도 우리 상식으로는 잘 이해가 되질 않는다. 웬만하면 밖에서 좀 기다려도 될텐데 그들은 지붕을 뚫고 내렸다.

두 번째는 열 두 해를 혈루병을 앓았던 여인이다 그는 예수님의 옷자락만 만져도 자신의 병이 나을 수 있으리라는 생각에 군중 속에서 예수님 옷자락을 만졌다. 그러자 그의 믿음대로 병이 나았다.

세 번째는 백부장의 종이다. 백부장은 예수님께서 자기집에 가서 병을 고쳐주시겠다는 예수님께 직접 오지 마시고 그냥 고쳐달라고 부탁했다. 어차피 예수님의 능력은 한이 없으신데 꼭 가서 보고 만지고 고쳐주실 필요가 없다는 믿음이 있었기 때문이었을 것이다.

나는 그런 상상을 해본다 백부장과 중풍병자가 만나서 서로의 병고침 받은 얘기를 나눈다면 서로를 어떻게 생각할까? 서로 상대를 비난할 수도 있지 않았을까? 멍청한 놈 왜 지붕을 뜯고 난리야? 야 너는 어떻게 예수님께 환자를 데려 오든지 예수님을 모시고 가야지 하면서 말이다.

예수님께서는 병자들을 고쳐 주실때마다 그들의 믿음을 칭찬 하셨다. 서로 방법은 달랐지만 그 중심에 예수님을 진심으로 믿고 신뢰할 때에 사람의 눈으로 볼 때는 그것이 좀 잘못돼 보일 수도 있었겠지만 예수님 께서는 오히려 그믿음을 칭찬하시며 고쳐 주셨다.

나와 다르다고 너무 쉽게 남을 판단하고 정죄하고 있는건 아닌지 한번 돌아보자. 그래서 예수님께서는 칭찬해 주실 사람을 나는 정죄하고 있는건 아닌지?

26

공정한 저울추

  벌써 오래전 일이다. 내가 일하는 사무실에 명품 짝퉁시계를 파는 보따리 장사꾼이 왔다. 짝퉁시계를 놓고 그 장사꾼과 함께 일하는 사람 간에 흥정이 시작되었다. "이거 얼마요?", "십만 원입니다" (그 시계가 가짜라는 건 서로 인정하는 것 같았다.)

  에이 십 만원은 무슨 만 원에 하나 줘요. 그러자 어떻게 이걸 만 원에 달라고 하냐면서 펄쩍 뛰면서 오만 원을 달라고 했다. 그러던 그들은 결국 그 시계를 2만 원인가 3만 원에 거래했다.

  내 눈에는 10만 원을 불렀다가 3만 원에 파는 사람도 10만 원 달라는 걸 만 원에 달라는 사람도 둘 다 비정상으로 보였다.

  나 같으면 내 눈에 아무리 그 물건이 오천 원짜리로 보여도 십만 원 부르는 사람에게 만 원에 달라고는 못한다.

요즘은 대부분 정찰제이지만 예전에는 그렇지 않았다. 그래서 나는 가격표가 없는 물건을 시장에서 사고 나면 꼭 바가지 쓴 기분이었다. 그래서 내 생각보다 조금 비싸 보여도 물건값을 깍고 흥정할 자신이 없어서 정찰제인 곳에서 물건을 구입했다.

인쇄업을 하다보면 교회도 중요한 구객이다. 그래서 인쇄업을 하면서 일부러 중대형 교회에 출석하는 사람도 보았다.

오랫동안 나와 거래하는 교회가 있다. 한번은 그 교회의 성도님이 나에게 자기네 교회 출석하는 성도냐고 물어서 아니라고 했더니 우리 교회에도 인쇄하는 사람이 있을텐데 왜 다른 교회 사람이 하냐는 말을 들었다. 그런 말들이 나와서 인지 한번은 그 교회 담임목사님께서 몇 분 앞에서 이 집사님은 우리교회 인쇄물은 아무리 바빠도 최우선으로 해주고 아무리 급한 일도 시간 맞춰 잘해주니 아무 말 말라고 말씀해 주셔서 아직까지도 거래하고 있다.

그 교회 전도사님과 처음 일을 할 때였다. 나에게 일을 맡기시면서 사장님 이 일은 하나님의 일이니까 최소한의 이익만 남기고 싸게 해주시고 다른 기업들 일할 때 많이 남기세요. 하면서 일을 맡겼다. '네 알겠습니다' 대답은 했는데 그때 그런 생각이 들었다. 만약에 예수님께서 직접 나에게 그 일을 맡기셨다면 뭐라고 하셨을까? 아무리 생각해봐도 그 전도사님처럼 말씀하시지는 않았을 것 같았다. 오히려 너무 싸게 하지 말고 적당한 이익을 남기라고 하지 않으셨을까?

물론 그 전도사님의 마음을 모르는 건 아니다. 성도님들이 정성껏 드린 헌금을 쓰는 사람으로서 정말 아끼고 싶으셨을 것이다. 그중에는 과부의 두 렙돈과 같은 소중한 예물도 있을 것이다. 그러나 정말 무조건 아끼는 것만이 하나님의 뜻은 아니라고 생각한다.

예수님을 믿지 않는 큰 동서께서 나에게 몇 번 그런 말을 했다. "내가 교회 일도 해 보고 절의 일도 해보는데 정말 같은 값이며 절의 일을 하지 교회 일은 하고 싶지 않아. 스님들은 일이 끝나면 수고했다며 식사라도 하라며 팁을 주는데 목사들은 서로 가격 흥정 다하고 일을 했는데도 일 끝나면 더 깎으려고 해" 하는 것이었다.

나는 그 목사님이 자기 주머니 채우려고 더 깎으려고 했을리 없다고 생각한다. 그분 역시 하나님 앞에 드려진 헌금을 더 아끼고 싶어서였을 것이다. 그러나 상거래는 무조건 싸게 하는 것이 능사는 아니라고 생각한다. 더구나 그 상대가 불신자라면 차라리 후하게 주는 게 더 좋을 수도 있다.

설교 예화 중 록펠러 얘기를 많이 들었다. 한 때 세계 최고의 부자였던 그는 십일조 계산하는 직원만 따로 몇 명이 있을 만큼 부자였고 어려서부터 어머니로부터 배운 대로 항상 철저한 십일조 생활을 했고 맨 앞자리에서 예배드렸고 담임 목사님을 하나님 다음으로 섬겼다. 등등 그러나 독과점에 관한 법은 록펠러 때문에 생길만큼 그는 폭리를 취했다고 한다.

하나님 앞에 많은 헌금을 드리기 위해 부당한 방법으로 돈을 버는 것도 문제이지만 폭리를 취하는 것도 잘못이라고 생각한다.

나는 초신자 때 내 사업을 시작했다. 그때는 교회의 목사님이나 전도사님들이 조금이라도 절약하기 위해 소위 인쇄골목으로 직접 찾아

오는 분들이 꽤 많았다.

그런 분을 만나면 정말 최소한의 이익만 남기고 일을 해 주었다. 그 정도가 아니라 가끔 고급스럽게 돈을 많이 들여 인쇄를 하려는 분은 설득해서 왜 이런데 이렇게 낭비하시냐며 좀 품질이 떨어지더라도 싼 방법으로 하시고 선교나 구제 하시는데 쓰시는 게 어떠냐며 설득했다.

그런데 반대로 하는 사람들도 있었다. 돈이 더 들더라도 좀 더 고급스럽게 하라고 설득해서 이익을 더 많이 보는 사람, 지금 생각해보니 나도 후자도 둘 다 잘못 했다는 생각이 든다.

예전에 관공서 일할 때는 조달청 가격표가 있었다. 그래서 구체적으로 인쇄비와 관리비 그리고 이익금이 보장되어 있었다. 시중가를 정확하게 반영하지는 않았지만 매우 합리적이라고 생각했다.

항상 그런 건 아니지만 그래도 최선을 다해 적정한 이익을 남기며 일하려고 노력했다.

하지만 일을 하다보면 나도 모르게 욕심이 생겨 자꾸 비싸게 받고 싶어진다. 지금 일하는 대부분의 거래처들은 나를 믿고 일을 맡기는 분들이 많다. 그러다 보니 더 신중하게 값을 받기 위해 노력하고 있다.

가끔 손님 중에 왜 다른 곳보다 비싸냐고 따지는 분들도 있다. 그런 경우에는 그런가요 제가 폭리를 취하지는 않지만 대한민국에서 제일 싼 집도 아닙니다. 죄송하지만 가격을 조금 조정을 해 드릴 수는 있지만 많이는 못해드립니다. 하고 말씀드렸다.

또 내가 남에게 일을 맡길 때에도 무조건 싸게만 하려고 하지는 않는다. 상대방이 싸게 부르는데 굳이 더 줄 필요는 없겠지만 가능하면 내가 이익이 나는 만큼 남에게도 그렇게 해 주려고 노력한다.

사람은 누구나 적은 노력으로 많은 이익을 얻고 싶어 하고 또 그게 경제원칙이다.

그러나 우리 그리스도인들이 하나님께서 말씀하신 것처럼 공정한 저울추를 가지고 살아 봤으면 한다. 일을 할 때도 적당한 이익을 남기고 또 남에게 일을 시킬 때도 그 사람이 손해 보거나 섭섭하지 않을 만큼의 이익을 보장해 보자. 나는 그것이 하나님의 방법이요. 원칙이라고 생각한다. 그러므로 우리 그리스도인들이 신앙 양심속의 공정한 저울추를 가지고 멋지게 살아보자.

27

오천원의 행복

사무실 근처를 지나 다니다 보니 가끔 작은 화분을 파시는 할머니를 만난다. 한개에 얼마인지는 모르겠지만 앞에 있는것 모두 다 팔아 봐야 2~3만원 되지 않을까 싶었다.

항상 아무 말도 없고 무표정하게 앉아계신 할머니, 바람만 세게 불어도 날아갈것 같은 할머니를 뵐때마다 30여년 전 누나의 편지 내용이 생각났다.

당시 우리형제들이 대부분 어렸고 경제적으로 너무나 힘들고 가난했던 시절이었다. 서울에서 함께 살다가 사정이 있어 고향으로 내려간 누나의 편지내용 중에 이런 내용이 기억난다. "용태야 세상을 살면서 힘이들면 엄마를 생각해라. 한푼이라도 더 벌기위해 밤낮없이 일하고 시장 모퉁이에 초라한 모습으로 물건을 파는 엄마를 생각해서 힘을내라." 는 그런 내용이었다.

다행히 어머님은 동생과 함께 시골에서 살면서 열심히 노력한 덕에 가난에서 벗어났고 큰 부자는 아니지만 남부럽지 않을 만큼 물질의 부를 누리고 사시다가 돌아가셨다.

그 할머니를 볼 때마다 언젠가 한 번 저 화분을 꼭 팔아드려야지 하고 생각했는데 매일 오시는 분이 아니시고 이상하게 어디 밖으로 나갈 때만 만나게 되어서 팔아 드릴 수가 없었다.

나도 부유하게 살지는 못하지만 내가 이해하지 못했던 것 중 하나는 이를테면 육교 같은 데에서 물건을 파는 사람들이었다. 그 물건들을 다 팔아서 그돈 다 남는다해도 하루 일당이 안될것 같은데 하루 종일 앉아서 장사를 하는 그들을 이해 할 수 없었다. 그런데 높은뜻 숭의교회에 와서 쪽방촌 이야기를 통해 그들의 삶을 조금은 이해하게 되었다.

그들에게 천원이 얼마나 큰 돈인지, 사실 평범한 가정에서 천원정도는 별 의미가 없는 액수다. 그러나 그들은 다르다고 들었다. 단돈 천원을 목사님께 맡기는 이유가 가지고 있으면 쓰게 되기 때문이란다.

그 할머니도 그런분 같아서 꼭 한번 그 할머니를 도와드리고 싶었는데 기회가 없었다. 그러던 어느날 사무실로 들어오다가 그 할머니를 만났다. "할머니 이거 얼마에요?" 하고 물었더니 "이천원." 하셨다. 하나에 한 삼천원 정도 하면 두개를 사고 만원을 드리려고 마음 먹었는데 사천원인데 만원을 드리면 너무 동정하는 티가 날까봐 오천원짜리를 드렸다. 돈을 받으시면서 한 행동은 오래전에 보았던 너무나 낯익은 모습이었다.

그옛날 어린시절 고향의 시골 장터에서 보았던 시골 아낙네 들의 그모습, 치마를 들추고 바지를 내리고 속옷 깊은곳 주머니에서 거르 름돈을 꺼내시려고 하셨다. 그래서 얼른 일어서면서 할머니 됐어요 하고 돌아서 걸었다.

그때 등뒤에서 바람만 불어도 날아갈 것같은 할머니 목소리라고 여 겨지지 않을만큼 큰소리가 들려왔다. "고마워요"

작은 화분 두개를 사무실 책상위에 올려 놓았다. 오래 가지는 못했 지만 나에게는 단돈 오천원으로 누린 커다란 행복 이었다.

아름다운

동행

1987년 8월 교회 여름수련회에 참석하기 위해 운천에 있는 기도원에 갔다. 여름성경학교를 하느라 이미 며칠 휴가를 썼으므로 금요일 오후부터 토요일 끝나는 시간까지 참석하기 위해서 였다.

내가 기도원에 도착한 후 곧 다른 분이 오셨는데 잘 알지는 못하고 인사 정도 하는 여집사님이 여동생과 같이 오셨다. 그당시 주일학교 일도 열심히 했지만 청년회 회장도 맡고 있던 때라 교회 출석하는 청년은 내가 다 알고 있다고 생각했는데 처음 보는 자매였다. 그때는 청년이 우리교회에 등록하면 당회실 앞에서 기다리다가 목사님을 만나고 나오는 청년들을 내가 목사님 보다 더 오래 면담하던 그런때 였으므로 내가 모르는 청년이 없는줄 알았는데 모르는 자매였다. 청년부 전도사님께 누구냐고 물었더니 같이 온 집사님 동생이며 교회에 몇번 출석했다는 것이다.

늘신한 키에 크고 서글서글한 눈, 아름다운 그녀를 그곳에서 처음 만났다. 그당시 나는 서른살인데 그녀는 나이가 스물 서너살쯤 돼 보였다. 아무튼 그는 첫 만남에서 내마음을 끌었다.

그날 오후에는 수영하는 시간이 있어서 수영장에서 만났다 나는 본래 물을 만나면 신이나는 사람이라 그날 수영장에서 장난도 많이 치는등 첫 만남 치고는 서로 많은 것을 보여주었다? 며칠 후 또 청년회 수련회가 있었다. 그때는 청년들이 대부분 직장인이고 지금처럼 휴가 내기가 쉽지 않은때라 8월 15일 광복절 휴일때 14일날 저녁부터 15일까지의 아주 짧은 수련회 라기보다는 단합대회 같은 그런 시간이었다. 14일날 밤 우리는 모여서 모닥불을 피워놓고 돌아가면서 자기 소개를 하며 결혼관에 대해 얘기하는 그런 시간이 있었다.

그녀의 차례가 되었다. 그런데 나이가 스물 한살이라고 했다. 그래서 나는 너무 실망했다. 스물 한살, 나는 서른살. 나는 상대만 있으면 결혼하기 위해 열심히 선보고 다닐 때인데 아무리 맘에 들어도 스물 한살 짜리 자매와 사귈 용기는 나지 않았다. 그 다음날 강촌에서 보트를 타는 시간이 있었다. 내가 회장일 때라 각 각 남녀 한 쌍씩 짝을 지어 보트를 타게 하고 나는 그녀와 함께 보트를 타게 되었다.

나는 그녀에게 "스물 서너살쯤 되는줄 알았어요" 했더니 자기는 내가 많이 먹었어야 스물 대여섯살쯤 먹었을 것으로 생각했다고 했다. 아무튼 서로가 관심을 가지고 본것 같았다 그녀가 나이가 들어보였던 것은 키가 큰 편이어서 그런것 같았고, 나는 그때 백바지에 빨간티 옷을 좀 장난스럽게 입었기 때문에 어리게 보였던것 같다. 아무튼 모처럼 마음에 꼭 드는 상대를 만났는데 아쉬웠지만 그녀에 대한 내 마음을 접었다.

그리고 또 다시 열심히 선 보고 그녀를 포함한 청년들에게 가끔 선본 얘기 재미있게 해주며 그렇게 지냈다. 그러던 중 그녀도 주일학교 교사를 하게 되었다.

신앙 경력이 짧아서 담임은 못하고 주일학교 회계를 하게 되었다. 그래서 매 주 만나고 일을 하기는 했지만 아홉살이라는 나이 차이는 내가 그에게 가까이 할 수 없는 장벽이었다. 그런데 그녀가 주일날 주일학교 예배에 가끔 빠졌다. 그래서 당시 그와 친하게 지내고 자주 어울려 지내던 청년에게, "야! 박영순 선생 요즘 무슨일 있냐? 왜 주일학

교 예배 자주 빠지냐." 했더니 "집사님 저도 잘 모르겠는데요" 하더니
웃으면서" 우리가 박영순 선생에게 너 김용태 집사님 좋아하지 했는
데" 하면서 웃으면서 가버렸다. 그래서 "야, 인마 그런정보는 빨리 알
려 줘야지"하고 말했다.

　이제 세월이 흘러 나는 서른두살이 되었고 그녀는 스물 세살이 되
었다. 나이차이 때문에 포기 하기는 했지만 마음 한 구석에는 항상 그
녀가 남아 있었던 것 같다. 그러던 중 그 해 여름성경학교를 마친후
회계업무를 맡았던 그녀가 힘든 일을 많이 하게 되었다. 그래서 그 핑
계로 내가 식사 한 번 사기로 해 그녀와 단 둘이서 밖에서의 만남을
갖게 되었다. 토요일 날 5시 피카디리 극장 앞에서 만나 영화를 보기
로 했는데 중간에 연락이 왔다. 지금 부천에 있는데 조금 늦을 것 같
다고. 그런데 그날 나는 손님한테 잡혀서 일을 처리하느라 약속 시간
보다 한시간이나 늦게 약속 장소에 나갔다.

　지금 같으면 서로 핸드폰으로 연락을 주고 받았겠지만 그때는 그럴
수가 없어서 내가 연락 할수 있는 방법은 없었다. 다행히 그 때까지
기다려 주어서 같이 영화를 보고 나왔다. 그런데 그 날 공교롭게도 당
시에 친하게 지내던 친구 녀석이 부산에서 올라와서 자기가 오늘 한
아가씨를 소개 받아 선을 보는데 너는 관상도 배우고 했으니 나와서
그 아가씨가 어떤지 한 번 봐 달라는 것이다. 그래서 "야, 나도 오늘 첫
데이트가 있어" 했더니 그러면 서로 만남을 가진후 저녁식사를 같이
하자고 해서 그렇게 약속을 했다. 영화를 본후 같이 약속 장소로 갔다.

　그 친구 설명으로는 그 친구가 오늘 소개받은 여성은 전에는 자기

가 대한항공 평사원이라 여자쪽에서 선보는 것도 거절할만큼 도도했는데 이제 나이가 들어서 기가 좀 꺾이는 바람에 선을 보게 됐다는 얘기를 미리 해줬다.

그래서 그 날은 생각지 않게 넷이 함께 저녁을 먹게 되었다. 다음날 그 친구가 회사로 나를 찾아 왔다. 어제 그녀가 어땠느냐고. 솔직이 내 마음에는 들지 않는데 혹시 이 친구는 마음에 들어하는데 내가 나쁜 평을 하면 안될 것 같아 적당히 얘기하고 있는데, 그때 다방으로 그당시 내가 섬기고 있는 선교회의 자매 간사가 나를 찾아왔다. 잠깐 얘기를 하고 돌아 갔는데 이 친구가 "야! 너 어제 만났던 그 아가씨보다 오늘 아까 그 아가씨가 훨씬 나은것 같다."고 말했다. 그 얘기가 나에게는 "저 아가씨 내 맘에 들어."하는 소리로 들렸는데 외적으로만 보면 두 사람 소개 시켜주면 서로 잘 어울릴 것 같은데 남자 집안은 미신을 믿는 불교집안이고 자매는 기독교 집안인지라 나중에 선교회 전도사님께 이러 이러한 친구가 있는데 그 자매 맘에 들어하는데 어떻게 생각하시느냐 했더니 역시 전도사님께서도 신앙문제를 말씀 하셔서 그 자매를 그 친구에게 소개시켜주지 못했다.

그렇게 우리는 한 번의 데이트를 했다. 나와 우리집 식구들은 평상시 자주 연락하지 않고 전화 연락을 해도 본론만 얘기하고 바로 끊는는 그런 집안이다. 그리고 나같은 경우는 전화 컴플렉스가 있을만큼 누구에게 전화를 잘 하지 못하는 사람이다. 그래서 누구와 통화를 해도 용건만 얘기하고 바로 전화를 끊어서 당황하게 하는 그런 성격이었다. 그런데 내 아내는 전혀 달랐다. 그날 이후 매일 나에게 전화를 했다. 꼭 용건이 있어야 전화를 하는 나와 시도때도 없이 전화하는 아내, 우리의 만남은 그렇게 이어졌다.

아내와 처음 만나 데이트 하던 날이다. 그날 내 아내는 자신의 얘기를 주절 주절 말하는데, 내가 깜짝 놀란 것은 내가 그동안 배우자 위해 기도한 그대로 말하는 것이었다. 그래서 나이 차이가 너무 많이 나서 마음에 드는 사람인데도 포기 했는데 어쩌면 이사람이 나의 배우자 일지도 모른다는 생각에 정말 하나님의 인도를 기대하며 만남을 시작했다.

나는 그당시 퇴근 시간이 7시였다. 아내는 6시 그래서 항상 아내가 먼저와 기다려 주었다. 겨울이 되니까 당시 공무원 이었던 아내는 5시에 퇴근을 해 중간에 나가서 데이트를 하다가 회사에 들어와 직원들 퇴근 시키고 다시 나가서 데이트하는 그런 시간에 계속됐다.

다행이 우리집과 아내의 집이 가까워서 늦은 시간에 집에 데려다 줘도 부담되지 않았다. 같은 교회를 다니며 완전범죄를 노리고 사귀었는데 결국 누군가가 우리를 본 모양이다. 그래서 우리 사이가 공개되었다. 처가쪽에서는 난리가 난것 같았다. 큰언니가 동생들에게 너희는 사업하는 사람과 그림 그리는 사람과는 절대 교제하지 말라고 했는데 나는 두 가지 다 갖춘데다가 나이까지 많으니 어쩌면 당연한 일인지 모른다.

큰언니는 바로 교회를 옮겼다. 어느정도 예상은 했지만 강경했고, 이제 형제들 중 큰 오빠까지 강하게 반대했다. 그런 가운데 아내도 약간 흔들리는 것 같았다.

그래서 하루는 아내에게 "태도를 분명히 하라. 나는 주변사람들의 반대는 얼마든지 극복할 수 있지만 본인이 흔들리면 어떻게 할 수가 없다. 그리고 나는 나 싫다는 사람을 설득해서까지 결혼하고 싶은 마음은 없다고 했다." 다행히 아내는 그때부터 같이 극복해 나가기로 했는데 엄마까지 반대한다면 힘들 것 같다고 했다. 그런 가운데 약간의 시간이 지난 후 장모님을 만나게 되었다. 아내는 장모님과 저녁식사 약속을 잡았으니 나오라고 했다. 약속을 해놓고 고민을 했다.'내가 어떤 태도를 취하는게 가장 현명할까?' 그리고 약속 장소에서 장모님을 만났다. 그날 나는 최대한 말을 아꼈다. 보통 이런 경우라면 내 입장에서는 저자세에 아부 내지는 사정조로 나가는게 보통일 것이란 생각에 그렇게 할까도 생각했지만 오히려 역효과가 날 수도 있다는 생각에서였다. 묻는말 외에는 거의 말을 하지 않고 헤어졌다. 다음날 아침 아내로부터 전화가 왔다. 어제 왜 그랬냐며 엄마가 말하기를 "야 그 사람은 너 하나도 좋아하지 않는데 너 혼자 좋아하는 것 같더라"며 자기가 보기에도 그렇게 보이더란다. 나도 생각이 있으니까 염려 말라고 대답한 후 그 날 퇴근후 만나서 얘기해보니 장모님께서는 그리 나쁜 점수를 받은 것 같지 않았다. 그래서 장모님께서 시골에 내려 가시기 전에 큰언니 집으로 다시 뵙기 위해 찾아 갔다. 그날 따라 큰언니도 큰동서도 집에 계시지 않아서 만나뵙지 못했는데 그날 장모님 표정을 보니까 너무 좋아하셨다. 아마 처음 만났을때 내 태도 때문인듯했다. 처음 만나 뵐때 너무 매달리지 않은 내 행동이 예상대로 효과를 본 것 같았다. 그날 장모님께서는 좋아하는 모습을 감추시지 못할 만큼 좋아하셨다. 장모님께서 나를 처음 보고 오셨을때 막내 처제가 어떤사람이냐고 묻자, 애하고 똑같이 생겼더라, 하고 대답하신 것으로 보아 우리를 운명적인 그런 만남으로 생각하신것 같았다.

그 후 구정 때 장모님이 사시는 전남 화순으로 인사를 갔다. 광주에서 아내를 만났는데 바로 가지 않고 저녁때까지 광주에서 머무르다 갔다. 시골 마을이다보니 아직 나이도 어린 편인데 남자를 데리고 가는 것이 동네 사람들 보기에 쑥스러워서 그러는 것 같아서 기다렸다가 어두워진 후에 찾아 갔다. 당시 처가집 동네는 댐건설로 곧 수몰될 지역이라그런지 전혀 개발이 되지 않은 채였다. 내 고향도 시골이지만 우리 시골보다도 10년 이상 뒤져 보이는 그런 마을 이었다. 화장실도 그야말로 완전 옛날방식 그래서 밤에 데려온 이유가 이런것도 있었나보다 생각했다. 아무튼 그 곳 방문으로 인해 다른 가족들의 암묵적인 허락이 있었고 장모님의 허락이 있어서 우리는 기쁜 마음으로 같이 서울로 돌아왔다.

양가의 상견례를 하기로 한 날이 금요일이었는데 나는 그 당시 금요일에는 자주 금식을 했다. 그런데 공교롭게도 그 날이 금식을 하기로 한 날이었다. 금식을 포기하고 다른날 할까 하다가 하나님과의 약속 이므로 지키기로 했다. 그래서 그날 상견례 때 아무것도 먹지 못하고 결혼식 날짜를 잡고 헤어졌다. 이제 내가 정말 결혼 하는구나 하는 실감이 났다.

그 후 처가쪽 대표로 왔던 큰동서와 둘이 만나기로 약속하고 둘이서 만남을 가졌다. 당시 내 아내의 나이는 스물 네살이었다. 동서는 왜 그동안 한번도 찾아오지 않았느냐, 처제가 사실 아직 어려서 이렇게 빨리 결혼 하게 될줄은 몰랐다며 사실은 자기 후배 중에서 집안도 좋고 경제적으로도 넉넉한 집안 사람 중에서 자신과 가까이 지낼 수 있는 사람을 물색 중이었다며 나와 결혼하는 것을 섭섭해했다. 그도 그럴 것이 상견례 하는날 금식한다고 아무것도 먹지 않고 물만 마시다 갔으니 얼마나 답답해 보였을지는 짐작이 된다. 그날 나는 오늘 하루만 함께 술을 마시리라 생각하고 함께 술을 마시며 여러가지 얘기를 했는데 처가 쪽에서 한 가지 오해를 하고 있는것 같았다. 그 당시 우리둘이는 매 주 금요일날 기도원으로 철야기도를 다녔다. 그런데 그것을 우리가 외박한 것으로 오해 하시는 것 같았다. 그래서 그런것 아닙니다. 처가 쪽에서 반대 할때에 그렇게 할까 하는 생각을 하기도 했지만 그런 방법은 쓰지 않았고, 지금 헤어진다 해도 내가 남자로서 책임져야 할 행동은 하지 않았으며 둘 사이는 순결한 관계임을 말했다. 또 대부분의 사람들이 나를 탐탁치 않게 생각하는 것에 대해서도 우리가 결혼하면 안될 우리가 모르는 정당한 이유가 있다면 지금이라도 물러 나겠습니다. 그러나 소위 말하는 손끝에 물 덜 묻히고 살수도 있는데 왜 이 사람이냐는 이유라면 나는 물러설수 없습니다."하고 당당하게 말했다. 그날 둘이서 술을 제법 많이 마셨다. 한참 술을 마시던 동서가 "자네 술 잘 마시네." 하셔서 "네, 저는 술을 안 마시는 것이지 못 마시지는 않습니다." 전에 술을 마실때 실제로 남들보다 먼저 나가 떨어진 적이 별로 없을 만큼 술에 강한 편이었다. 별명이 이동양조장, 밑빠진 독 소리를 들을만큼. 그 날 처음으로 처가쪽 식구와 오랜시간 대화를 했다. 다음날 아침에도 역시 아내로부터 전화가 왔다.

"도대채 형부하고 무슨 얘길 했냐고" "왜?" 하고 되물었더니, 형부가 하는 말이 자기는 가끔 교회는 다녔지만 나와 대화를 한 후 저런게 믿음인가 하는 생각을 했다고 했다. 글쎄 난 주로 묻는 말에 대답했는데. 그런 가운데 결혼을 준비했고 그 이후 함 들어가는 날 친구들이 십여명 와 주었다. 보통의 경우처럼 장난 조금 하고 함께 저녁을 먹은 후 우리에게 노래를 시켰다. 그때 둘이서 복음성가를 불렀다. 친구들은 대부분 기독교 신앙과는 거리가 먼 친구들이었는데 함께 찬양하는 우리의 모습이 그 친구들에도 아름답게 보였었나 보다. "야 참 보기 좋다"하는 말을 친구들이 진심으로 했다. 믿음의 모습은 믿지 않는 친구들에게도 아름답게 보였나보다. 찬양소리를 듣고 얼른 우리 방문을 열고 확인 하시는 분이 있었다. 처가쪽에 예수믿는 유일한 우군이신 이모님 이셨다. 집으로 돌아올때 그 이모님과 같이 차를 잡기 위해 길에서 기다리는데, 내게 다가와 손을 꽉 잡으시며 "예수님 믿나요?" "예!" "그래요 예수님 잘 믿으세요."하셨다. 유일한 자매인 장모님 가족이 예수님 믿지 않는 것이 안타까웠던 이모님께서는 예수 믿는 내가 그 누구보다 반가우셨나 보다.

결혼식 날 우리의 결혼을 축하해주는 듯 날씨가 너무 좋았다. 이발을 하고 신부 화장을 하는 미용실 갔다.

지금은 웨딩 촬영을 미리 하고, 거의 대부분의 커플들이 웨딩 촬영을 하지만 그때는 그렇게 있는줄 아는 사람들도 별로 없을 때 였다. 주로 야외 촬영을 했는데, 나는 사진을 하는 친구가 있어서 결혼 전

야외 촬영한 앨범을 보고 너무 멋있어서 나도 하기로 했다. 당시 그 친구는 압구정동에서 꽤 비싼 스튜디오에서 일하고 있었다. 비용이 너무 비싸서 그 친구에게"야 야외 촬영비는 제대로 줄테니 결혼식 사진은 업자가 아닌 친구로서 해다오 어짜피 너 내 결혼식엔 올거잖아."했는데 그 사장님도 나와 안면이 있는지라 허락해 주서서 고급사진을 친구의 도움으로 촬영 할 수 있었다.

미용실에 가보니 신부 화장이 거의 마무리되고 있었다. 아내의 친구가 "예쁘지요?" 하는데 솔직히 신부화장 안했을 때가 더 예뻤다. 너무 화장이 진하고 붉은 것 같아서 별로 마음에 들지 않았는데 나중에 폐백을 할때 한복을 입으니까 그때는 그 화장이 참 잘 어울렸다. 결혼식 당일날 신라호텔에서 야외촬영을 하는데 청소하는 아저씨가 계속 시비를 했다. 그래서 친구에게 "야 돈을 좀 드리고 편하게 하자."했지만 친구의 강력한 반대로 결국은 거의 쫓겨 다니며 무사히 촬영을 마쳤다.

덕분에 결혼식장인 교회에는 예식시작 오분 전에야 도착했다. 우리 목사님 주례사는 길기로 유명한데 그날 기도원에서 식목 행사가 있어서 목사님 주례사 중 가장 짧은 주례사와 함께 결혼식을 마치고 폐백을 하는데 신혼여행가는 비행기 시간이 아슬 아슬 해서 부모님께만 절을 한 후, 양가 가족들을 양편에 쭉 서시게 한 다음 양가 가족 소개를 하고 양쪽에 한 번씩만 인사하는 간단한 폐백을 마쳤다. 그래도 폐백 하는 자리가 친척들 얼굴보고 인사하는 시간이니까 간단했지만 제대로 한 것 같았다. 공항으로 가는 차에 오르니 배가 고프기 시작했다.

그러나 먹을게 아무것도 없었서 사탕부케에 있는 사탕을 떼어 먹으며 공항으로 향했다. 다행이 늦지는 않았고 비행기에 몸을 실었다. 정말 행복 했다. '이제 이 여자가 내 사람이구나.' 정말 보는 사람만 없다면 당장이라고 꼭 안아주고 싶었다.

　다음 날 그 당시 많은 사람들이 그랬듯이 택시 기사님의 안내대로 가자는데 가서 포즈 취하라는대로 취하고 꼭 사진 찍으러 온 사람들처럼 그렇게 하루를 보냈다. 다음날 한라산에 올라 가기로 했다. 간단한 아침 식사를 하고 한라산 갈려면 어떻게 가느냐고 물었더니 "그 복장으로요?"하며 웃었다. 그도 그럴 것이 우리는 상의를 메리야스 위에 얇은 스웨터 하나씩 걸친 상태였다. "그 복장으로는 한라산 못올라 갑니다." 하셔서 "길만 가르쳐 주세요. 못갈 것 같으면 중간에 내려 올게요"하고, 정말 무식해서 용감하게 행동했다. 한라산을 오르는데 조금 오르다보니 우리가 늦게 출발한데다가 올라가면서 경치 좋은 곳이 있으면 기념사진까지 촬영하며 올라가다보니 올라가는 사람들은 거의 없고 내려오는 사람들 뿐이었다. 그래도 포기하지 않고 그렇게 한라산 정상까지 올라갔다. 내려 올때는 지쳐서 쉬고 싶은데 움직이지 않고 가만히 있으면 추워서 쉴 수가 없었다. 그래서 계속 걸을수 밖에 없었다.

　한참을 내려오다보니 우리 외에 아무도 보이지 않았다. 그 넓은 한라산 중턱에 우리 둘 뿐이었다. 그래서 풀밭을 뒹굴며 사진도 찍고 즐거운 시간을 보냈다.

　삼일 째에는 둘이서 대중교통을 이용해 돌아 다녔다. 첫 날 택시 기사님으로 부터 배운 촬영방법도 있고 해서 오전시간을 그렇게 보내고 집으로 돌아 왔다.

다음 날 시골 부모님께 인사를 갔다. 아내는 밤에 더러워진 내 와이 셔츠를 손으로 빨아 널었다. 어머니는 그게 맘에 들으셨나 보다. 피곤 할텐데 늦은 밤시간에 남편 와이셔츠를 빨아 널었다며 좋아하셨던 기억이 있다.

신혼 생활을 해보니 스물 네살밖에 안된 아내는 나이 많은 나보다 오히려 결혼 준비를 더 잘한 것 같았다. 부모님은 물론 친척들과의 관계 등 잘 계획하고 생활해서 너무나 좋았다. 아내가 단 한가지 성공하지 못한것은 그 당시 내 몸무게가 60kg쯤 나갔는데 살찌고 싶어하는 나를보며 자기가 살찌게 할테니까 염려 말라며 하며 자신 하고는 한 3개월정도 열심히 먹였다. 나는 차려주는 음식 거의다 싹싹 비워주고, 저녁에 간식주면 그것 역시 깨끗이 먹어 치웠지만 몸무게는 단1kg도 늘지 않았다. 그제서야 이 사람은 내가 살이 안찌는 체질이구나 하고 포기 하는 것 같았다.

미혼 시절 결혼해 사는 가정들을 보며 결혼은 잘하면 천국이 되지만 잘못하면 지옥이 될 수도 있다는 생각에 그 누구 보다도 신중하게 생각하고 주변에 좋은 사람이 있어도 반드시 기도했는데 역시 하나님 께서는 나에게 가장 좋은 아내를 만나게 해 주셨다.

우리는 진심으로 서로 사랑했기에 그저 같이 있다는 사실만으로도 너무 행복했다. 아내는 남편인 나를 항상 배려해 주었고 나 또한 사랑 하는 아내를 위해 항상 나름대로 최선을 다했다. 나는 본래 집안 일이

나 부엌 일을 안하던 사람이다. 그러나 맞벌이를 했으므로 도와 주기로 마음먹었다. 그러던 어느 날 그때는 결혼을 하면 손님을 집으로 초대해서 집들이를 했다. 거의 열번은 한 것같다. 양쪽 직장 사람들, 친구들 양쪽 가족 따로 또 교회분들, 한번 손님을 초대하고 나면 설것이가 그야말로 산더미처럼 쌓였다. 그래서 하루는 팔을 걷어 붙치고 설거지를 하려고 씽크대로 갔는데 못하게 했다. 아니라며 나는 도와주겠다는 아내는 절대로 안된다며, 남자들은 이런 일 하면 안된다고 너무나 강하게 막아서 설것이를 도와주지 못하고 혼자 방으로 돌아왔다. 너무 미안하고 고마웠다. 결혼을 한 후 아내는 나에게 한 가지 부탁을 했다. "돈은 많이 벌어오지 않아도 되니까 집에 일찍 일찍 들어와 주세요." 해서 나도 부탁이 있어 하고 "집안에서 예쁜옷을 입고 있어 달라"고 부탁을 했다. 집에서 츄리닝이나 몸뻬 바지같은것 안입었으면 좋겠고 가능하면 치마를 입어달라는 부탁을 했다. 아내는 다음 날 바로 시장에 가서 예쁜 홈웨어를 두 벌을 사 왔다. 나중에 우리집에 놀러 왔다간 아내의 회사 후배가 그런말을 했다고 좋아했다."언니, 언니의 집에서 본 모습이 새로운데 집에 있는 모습도 예뻐서 보기 좋았노라고" 신혼때 내가 한가지 큰 실수를 했다. 나는 저녁시간에 성경을 읽고 기도하곤 했는데 결혼을 하면서 아내와 같이 잘 해 나갔어야 하는데 그 방법을 몰랐다. 결혼예비학교 같은것을 했으면 좋았을 텐데. 그런 프로그램이 그 당시에도 있었는지 모르겠지만 아무튼 방법을 몰라서 저녁에 퇴근해서 식사하고 둘이 TV보고 잠자리에 들기 전 아내와 같이 기도하지 않고 성경책 들고 나 혼자 다른 방으로 가서 평소대로 성경 조금읽고 기도한 후 방으로 건너왔다. 아내의 얼굴이 일그러져 있었다. 순간 내가 잘못했구나 하고 느꼈지만, 그후로 함께 기도하는 시간을 별로 갖지 못하고 그저 둘이 손잡고 짧게 기도하고 잠자리에 들고 했는데 조금만 훈련이 되있었더라면 훨씬 더 영적으로 풍성한 신혼이 됐을텐데 두고 두고 아쉬운 부분이다.

아내는 얼마나 시댁식구들에게 잘 하던지 모든 친척들의 칭찬과 사랑을 받았고, 특히 시부모님께도 얼마나 잘 했던지 어머니께서는 "내 배로 난 자식도 아닌데 어쩌면 저렇게 잘하는지 모르겠다"며 감격해 하셨다고 했다. 또한 아내는 우리집의 문화도 바꿨다. 우리 형제들은 서로 자주 연락하며 사는 그런 가족이 아니었다. 어릴 때 너무 가난하게 살았고 그때는 통신자체가 돈이 들어서 그런지 전화 통화를 해도 용건만 애기하고 바로 끊는 그런 집안이었는데 아내는 결혼 하자마자 시골집 시부모님께 시도 때도 없이 안부 전화를 했다. 처음에는 전화를 받는 사람이 이상했다고 했다. 용건도 없는데 자주 전화를 하니까 나중에 동생이 그런 말을 했다. 형수님이 자꾸 전화를 하니까 처음에는 이상했는데 참 좋더라고. 우리는 연애할 때에도 주로 아내가 전화를 했다. 나는 용건이 있을때만 전화를 했고, 결혼을 하면 그칠줄 알았는데 결혼 후에도 거의 매일 하루 2~3번씩 전화를 했다. 나는 처음에는 무슨 용건이 있는줄 알았는데 그냥 전화를 했다. 연애 할때는 그렇다쳐도 결혼해서 같이 살면서도 매일 몇 번씩 전화를 하니 내겐 익숙치 않아서 나는 빨리 끊으려 하고 아내는 내가 그러니까 일부러 더 길게 통화를 하려 했다. 또 한가지 변화는 친척 모두의 생일을 챙겼다.

첫 해는 결혼 첫 해라 그러나 보다 했는데 그 다음 해에도 그 다음에도 계속 이어졌다. 어린 조카들 생일까지. 그래서 결혼 하자마자 우리 친척들에게 나보다 더 사랑받는 사람이 됐다.

교회에서도 서로 최선을 다해 섬겼다. 우리집에 놀러온 청년들로부터 가끔 "나도 결혼하면 집사님네 처럼 살고 싶어요"라는 말을 들었다. 자녀는 하나님께 기도 한대로 첫째는 딸을 주셨고, 둘째는 아들을 주셨다.

결혼 후 내가 몇번 놀란 것은 아내를 지켜 보면서 어쩌면 저렇게 내가 하나님께서 배우자를 위하여 기도한대로 일까, 아니 그 이상이었다. 기도하다가 내가 너무 욕심부리는 것 같아 차마 기도하지 못하고 마음속으로만 바라던 부분까지 세밀하게 응답하여 주셨다.

그렇다고 사람은 누구나 완벽할 수는 없었다. 아내를 지켜보면서 맘에 안드는 부분이나 잘못한다고 생각이 드는 부분도 약간 있었다. 그래서 잔소리를 한번 할까 하다가 관두기로 했다. 대부분 잘 하는데 몇가지를 잘못하는 부분을 지적 하기보다는 내가 감수하고 이해하고 가기로 했다.

세월이 흐른 후 아내가 나한테 안 하던 잔소리를 시작해서 '자기는 뭐 다 잘하는 줄 아나.'하고 옛날에 그 부분들을 다시 찾아보려 하니까 그때는 그 부분을 찾을수가 없었다. '그렇구나.' 그때 감싸고 서로 사랑하고 살으니까 더이상 흠이 흠이되지를 않는것 같았다. 장인 어른은 일찍 돌아가셔서 나는 뵙지 못했는데 굉장히 자상하고 다정다감 하신 분이셨다고 했다. 문제는 나도 그런 사람으로 기대했는데 나는 아버지가 거의 집에 계시질 않았고 엄마 밑에서만 자랐으므로 아버지의 역할을 하는 것을 거의 보지 못하고 자랐다.

그러므로 아내는 그런 부분을 항상 아쉬워 했다. 그래서 내가 아내 앞에서 "어디 좋은 아버지 되도록 가르쳐 주는데는 없나" 했는데, 아내가 인터넷을 검색해서 아버지학교가 있다는것을 알고 2003년 5월 본부 42기 아버지 학교에 등록 하였다. 교회의 한 집사님들은 "아니 왜 김용태 집사님이 아버지학교를 가세요." 했지만 아이들을 키우면서 나름대로는 많은 부족함을 느꼈다.

사람이 그냥 선하고 착한것과 자신의 역할을 잘하는것과 다르다는 생각에 기대를 가지고 아버지 학교에 갔다. 첫 시간 아버지의 영향력 강의를 들으며 내 문제는 간단히 진단할 수 있었다 그래서 열심히 강의와 나눔 숙제 등을 통하여 나의 문제점과 잘못된 부분들을 고쳐 나갔다. 전에도 아이들을 위해 기도했지만 이제 허깅과 매일의 축복 기도를 했다. 지금도 열심히 하고 있고 내가 아버지 학교를 통하여 얻은 가장 큰 축복이라고 생각한다.

수료 후 바로 아버지학교를 섬기기 시작했다. 아내도 나의 섬김과 또 아버지로서 아이들에게 매일 기도 해주고 허깅해 주는것을 매우 좋아했다. 또 아버지학교 수료후 신혼때 남자는 부엌에 들어오면 안된다고 했던 아내의 한마디 실수때문에 설겆이좀 해달라면 "남자는 부엌에 들어오면 안된다고 했잖아" 하며 피했던 설거지도 열심히 해주고 아이들도 잘 자라주어 행복한 삶을 살수 있었다.

아내의 예전 직장은 병원이었고 병원에서 10년 넘게 근무 하였으므로 내가 아내의 건강에 신경을 쓸 필요가 없었다. 직원들끼리 뭐가 좀 이상하다 싶으면 검사해 주었고, 우리 두 사람은 여러번 건강검진을 받았지만 두 사람 다 한번도 건강에 이상이 있어본 적이 없었다. 그런데 아내가 2005년 초에는 기력이 많이 떨어지고 힘들어 했다. 가끔 밤에 등을 눌러달라며 잠을 못 자는 때도 있었다. 평소에 워낙 건강했으므로 큰 병원에 갈 생각은 안하고 동네 병원과 한의원 등을 다니다가 예전에 근무하던 곳에 가서 검사를 하였다. 결과는 별 이상은 없는 것 같은데 약간 이상한게 있다며 서울대 병원에 가서 정밀 검사를 해 보라고 해서 서울대 병원에서 검사를 받게 되었다.

그 날 교회에 특별 기도회가 있던 때라 교회에 가다가 길에서 아내를 만났다 같이 기도회에 참석 하던 중 아내는 몸이 불편하다며 교회 바로 옆에 사시는 장모님 집에 쉬고 있을테니 끝나면 오라고 했다. 그래서 기도회를 마치고 아내와 함께 집으로 가기 위해 장모님 집으로 갔다. 그때 장모님은 제주도에 가서서 집에는 우리 둘 뿐이었다. 집에 가자고 하니까 자리에서 힘들게 일어나는데 아내 눈에 눈물자국이 있었다. 오늘이 병원에 다녀온 날인 것을 생각하니 순간 불길한 생각이 머리를 스쳤다. "왜 암이래?" 하고 물었더니 고개를 끄덕이며 아내가 서럽게 울기 시작했다. 순간 온 세상이 무너져 내리는 것 같았다. 그렇다고 나까지 절망하는 모습을 보여줄 수 없어서 서럽게 우는 아내를 달래며 "울지마 우리 마음 단단히 먹자, 언니도 수술하고 완치됐잖아 하루 이틀에 나을 병이 아니니 마음 단단히 먹고 투병을 하자"고 위로를 했지만 마음이 너무나 착잡했다. 암은 아파서 발견하면 늦었다는데, 그 날 집으로 돌아와 자리에 누웠지만 우리는 잠을 이룰 수가 없었다. 서로가 서로에게 왜 잠을 못자냐며 빨리 자라고 했지만 잠이 올리가 없었다. 그날 밤 뜬눈으로 밤을 새우고 일단은 서로의 직장으로 출근을 했다. 그때 우리집은 정릉 청수장 근처였는데 버스를 타고 내려 오면서 보면 창밖으로 보이는 나무잎들이 참 아름다웠다. 그러나 그날부터 나에게는 온 세상이 마치 색안경을 쓴 것처럼 회색으로 보였다. 아내는 당분간 식구들에게 알리지 말자고 했지만 이게 어디 감출 일인가. 처가 쪽에 큰동서에게 전화를 하면서 울음을 참을 수가 없었다. 내가 이 세상에서 받은 가장 큰 축복은 바로 내 아내라고 생각하며 살았는데 이제 마흔살밖에 안된 아내가 말기 암이라니, 인터넷을 검색해보니 아내의 상태는 분명히 위암 말기 였다. 단 한가지 다른 것은 보통 살이 빠진다는데 당시 아내는 오히려 약간 살이 쪘던 것으로 기억한다. 교회 담임목사님께도 전화를해 기도를 부탁 드렸다.

아무것도 생각하기도 싫고 차라리 시간이 이대로 멈췄으면 하는 마음뿐 이었다.

그때 나는 본부 아버지학교 62기 조장으로 섬기기로 하고 조원들 심방을 끝나고 개설을 하루 앞둔 상태였다. 조장으로 섬겨야 하나 말아야 하나 고민하다가 그래도 일단은 섬기기로 했다. 이 사실을 알게 된 많은 형제들이 특별히 뜨겁게 기도해 주는 가운데 62기 아버지학교가 시작 되었다. 시작하는 날 새벽 아내는 응급실을 통해 입원을 했다. 아내를 병실에 남겨놓은채 온누리교회에 갔다. 머리가 텅 빈것 같은 상태에서 어떻게 시간을 보냈는지 모르게 첫날을 마쳤다 끝나자마자 병원으로 달려갔고 이때부터 본격적인 투병생활이 시작 되었다. 입원 후 바로 수술 스케줄이 잡혀 목요일 날 수술을 하게 되었다. 교회에서는 수요예배 때 목사님께서 수술하는 목요일 오전 전 성도들에게 금식하며 기도해 줄것을 부탁했다고 했고 많은 성도님들이 동참해 주신 것으로 알고 있다. 한 장로님은 나에게 매 예배 때마다 오래만에 온 성도가 박영순 집사를 위하여 간절히 기도하고 있다고 전해 주었다.

수술 하는 날 예상시간 보다 빨리 수술을 하게 되었다. 앞에 환자가 수술을 하려다 수술할 상황이 안되서 그대로 덮은 경우인 것 같았다. 그래서 예정보다 일찍 수술실로 들여 보내고 대기실 앞에서 기다리게 되었다.

대기실 앞에는 대부분이 우리 가족과 성도님들 이었다. 안타까운 마음으로 안내판을 처다보고 있었다. 불안하고 초조한 시간이 흘러갔고 2시간이 넘은 후 까지 수술실에 있었으므로 그래도 수술도 못하는 최악의 경우는 면한 것 같았다. 내 일생에 가장 길게 느껴지는 긴 시간이었다.

위 전체을 절제한 수술은 끝이 났지만 의사들의 얘기와 모든 상황은 그저 비관적 이었다.

정말 힘든 가운데도 힘이 됐던 것은 기도 해주는 많은 분들이 있었기 때문이었다. 교회에서는 매 예배때마다 모처럼 온 성도들이 뜨겁게 기도해 주었고, 아버지학교 형제들과 믿음의 친구들, 그리고 선교사님은 없는 새벽기도를 만들어 매일 새벽 기도해 주신다고 했다. 어떤 친구는 핸드폰에 알람을 맞춰놓고 오전 오후 2번 씩 기도하고 있다고 했다.

정말 우리가 이렇게 많은 사람들의 관심과 사랑을 받고 살고 있었는지 그동안 몰랐던 것 같았다. 수술후 의사선생님 말씀은 이 환자는 완치를 위한 치료가 아니라 조금이라도 생명을 연장하기 위한 치료라는 절망적인 상황 속에 공포의 항암치료가 시작되었다.

한번 맞으면 삼일 정도는 그냥 간신히 숨만 쉬고 살았고 본격적인 고통의 시작 이었다. 그토록 많은 사람이 안타깝게 기도했지만 상황은 점점 나빠지기만 했다. 그토록 힘든 항암제를 여섯 번이나 맞은 후 다시 검사한 의사선생님은 지금까지의 치료가 아무효과가 없으므로 이제 항암제를 바꾸어 치료해보자는 절망적인 대답 뿐이었다. 이렇게 병원과 회사를 오고 가는데 아내는 병원에 있을 때 낮에는 장모님이, 밤에는 내가 병실에 있는데 나까지 쓰러질 것 같던지 다른 분들이 밤에 병실이 있으려 했지만, 아내도 나말고 다른사람이 병실에 있는 것을 원치 않았고, 나 또한 아무리 힘들어도 아내의 곁은 내가 지켜주고 싶었다.

그래서 약 3개월 정도 병원에 있는 동안 딱 한번 집에 옷갈아 입으러 갔다가 잠이들어 오지 못한 날 빼고는 끝까지 병실을 지켰주었다. 그렇게 입원과 퇴원을 반복하며 치료한던중 집 옷걸이에 아버지학교 줄무니 유니폼이 걸려 있었다. 그때마다 착잡한 마음으로 그 유니폼을 바라보곤 했다. 아버지학교를 통해서 은혜도 받았고 계속해서 아버지학교 섬기고 싶었는데 과연 저 옷을 내가 언제 다시 입을 수 있을까. 입는다면 어떤 모습으로 입게될까. 아내가 완치되어서 할렐루야를 간증하며 입을 수 있으면 좋을텐데 하는 생각을 수없이 했다.

그러던 중 병원 치료만으로 희망이 없다면 민간요법을 병행하는 것이 좋을 것 같아서 민간요법을 병행했다. 믿을만한 분의 소개가 있어서 민간요법 하시는 분을 만났는데 의학을 전공하신 분이고 무리한 요구나 무조건 비싼 약을 권하는 분도 아니어서 믿고 시작했는데 한동안 희망을 가져도 좋을만큼 좋은 결과가 있었다.

그러나 그것도 잠시, 2006년초 목부분에 이상이 있어 병원에 가보니 그것도 암이었고 뇌 촬영을 해보니 이미 뇌에도 커다란 종양이 있었다. 병원에서는 이제는 치료방법이 없으니 그만 퇴원해 달라고 했다. 그러나 죽을 때 죽더라도 이대로 병원에서 나가면 아내가 너무나 비참할 것 같았다.

결국 아는 분의 도움으로 그대로 서울대 병원에 계속 입원해 있을 수는 있었지만 이제는 아내의 죽음이 현실로 다가오기 시작했다. 아내 또한 그것을 느끼는 것 같았다. 내가 죽음 앞에 있다면 아내에게 이 세상에서의 마지막 작별의 말을 할 수 있을 것 같은데 나이 어린 아내를 먼저 보내야 하는 내 입장에서는 차마 아내에게 "자기가 먼저 하늘나라에 갈 것 같애" 이 말이 입에서만 맴돌뿐 입이 떨어지질 않았다. 아내 또한 이 기막힌 현실앞에서 못난 나에게 두 아이를 맡기고 떠나는 것이 마음이 아픈듯 그냥 미안하다는 말만 되풀이했다. 서로의 솔직한 마음을 표현하지 못하고 그냥 그렇게 서로를 안타깝게 바라보는 가운데 시간은 자꾸만 흘러 갔다. 아내는 밤에 따뜻한 찜질팩을 계속 허리에 대고 있었는데 약 20~30분 간격으로 그것을 데워다 달라 했다. 밤새 찜질팩을 들고 20~30분 간격으로 병원 복도를 오가는데 아무런 생각도 기도도 되질 않았다. 한가지 '하나님, 하나님은 사람에게 감당할 시험 밖에는 허락하지 않는다고 하셨는데 제가 정말 제 아내 없이 살 수 있나요? 전 도저히 살 수 없을 것 같은데 정말 이게 내가 감당할수 있는 시험인가요?' 수없이 물으면서 병원 복도를 오고 갔다. 세상 전부와도 바꾸고 싶지않은 사랑하는 사람의 생명의 불꽃이 꺼져가고 있는데 내가 아내를 위해 할 수 있는 일이 이것뿐이라면 이것이라도 해야되겠다는 생각에 이를 악물고 버텼다. 찜질팩을 데우기 위해 전자렌지에 돌려놓고 차가운 병원 복도에 기대어 있노라면 아무런 기도도 나오질 않았다. 그저 신음처럼 '주여! 주여! 아버지! 아버지!'이것이 내 기도의 전부였다. 어쩌면 이것은 기도가 아니라 절규였는지 모른다. 그냥 이 말 밖에 나오질 않았다. 사람이 너무 힘이 들으니까 기도조차 나오질 않았다.

상황은 점점 나빠졌고 특별한 기적이 없는 한 살수 없는 절망적인 상황 속에서 그동안 병원에서 만났던 말기암 환자들이 생각났다. 항암제를 수십 번 맞고 결국은 고통속에 숨져가는 그들을 생각하면 그들의 삶 자체가 형벌같이 느껴졌다. 그래서 하나님 이 사람 살려주실 것 아니면 차라리 더 이상 고통없이 평안히 데려가 주시길 기도했다.

그리고 2월 중순까지 지켜본 후 더 이상 희망이 보이지 않는다면 아무리 힘들더라도 아내와 이 땅에서의 이별을 준비해야지 생각하게 되었다. 1월말 구정 연휴때 우리는 2인실에 입원했는데 옆자리 환자가 외출을 하게 되었고 명절 때라 찾아오는 사람도 없어 우리둘만 남게 되었다. 그 기간동안 마음껏 찬송도 불러주고 성경도 읽어주며 기도하며 그렇게 보냈다. 나중에 생각해보니 하나님께서는 우리에게 이 땅에서의 이별할 시간을 마련해 주셨던 것 같았다.

2월 1일날 새벽 아내는 진통제를 맞았는데도 계속 통증을 호소했다 환자를 살펴본 후 나를 부르신 의사선생님은 이제 삼일 정도 살 수있을것 같으니 마음의 준비를 하라고 하였다. 그날 많은 사람들이 찾아와 아내의 마지막 모습을 지켰봤다 위 전체를 절제해 음식도 조금밖에 먹지 못하던 아내는 그날 병원에 있던 모든 음식을 골고루 맛 보았다. 하나님께서는 이 땅에서의 마지막 날 사랑하는 사람들 많이 만나보게 하셨고, 이 땅의 음식도 골고루 맛보게 하신것 같았다. 교회에서 찾아온 친구 집사님들을 힘없이 바라보길래 "한번 웃어줘."했더니 힘없이 지어준 그 미소가 이 땅에서의 마지막 미소였다. 그 날 저녁 때 병원에 찾아온 아이들에게 집에가 있다가 혹시 아빠가 연락하면 바로 택시타고 병원으로 오라고 하고 집에 보냈다.

엄마의 마지막 모습을 보여주기보다는 세상을 떠나는 순간에 고통스러워 하는 분들도 있다기에 아직 어린 자녀들에게 그런 엄마의 모습을 보여주고 싶지 않아서 였는데 결국은 그것이 우리 아이들과 엄마와의 마지막 이별이었다. 아이들이 집에간 후 얼마 지나지 않아 예상보다 일찍 그날 밤 육신의 고통을 끝내고 조용히 눈을 감고 먼저 하늘나라로 떠났다. 병원에 도착한 아이들은 엄마의 시신을 부둥켜 안고 얼굴을 비비며 "엄마, 엄마, 눈,좀,떠봐, 엄마, 말좀해봐."하며 울부

짖었다.

아내를 병실에서 영안실로 옮긴 후 한참 우시던 장모님은 내게 이런 말씀을 하셨다. "이보게 김서방 자넨 지지리 복도 없네 어떻게 저렇게 좋은 아내를 먼저 보냈나 이 사람아" 하고 말씀하시며 우셨다. 그래서 나는 바로 대답했다."아닙니다 장모님 저는 저렇게 좋은 아내를 만나서 지난 17년간 너무나 행복했습니다." 옆에서 그 말을 듣고있던 누나가 말했다. 정말이지 얘들을 옆에서 봐도 부러운 행복한 부부였다고, 어쩌면 그렇게 두 사람이 마음도 잘 맞고 행복하게 사는지, 나 또한 다른 사람 50년, 60년과 바꾸고 싶지않은 행복한 시간이었다. 정말 과거로 돌아가서 내게 다시 선택할 기회를 준다해도 나는 망설이지 않고 이 사람과의 17년을 선택할 만큼 행복했고 사랑했다. 하나님께서는 우리에게 그토록 사랑하며 행복하게 살게 해 주셨지만, 이 땅에서 우리에게 허락된 시간은 16년 10개월이 전부였나 보다. 정말 사랑을 량으로 계산할 수 있다면 우리는 보통사람 평생 사랑한만큼 사랑하고 살았다는 생각이 든다. 아내와 부부싸움을 한 기억이 두번 정도 있는 것 같은데 아이들은 엄마 아빠가 싸운 모습을 기억하지 못하고 있었다. 큰아이는 엄마 아빠 한번 싸웠던 것 같다고 하고 둘째 아이는 싸우는 모습을 기억하지 못하고 있었다.

아내는 나의 고향 땅 할머니 할아버지 무덤옆 양지바른 곳에 묻었다. 나와 큰 처남은 화장해서 서울에서 가까운 곳에 두고 생각날 때마다 찾아 가보고 싶었는데 장모님과 처형들이 화장하는 것을 원하지 않아서였다.

장례식장에서는 고인이 젊은 여성이므로 지하에 작은 식장을 주었다. 우리도 별 생각없이 정했는데 2월 2일 하루 600명이 넘는 조문객들이 다녀갔다. 그 중 반 이상은 아내를 직접 알고 있는 사람들 이었다. 모두들 진심으로 고인의 죽음에 애도를 표해 주었다. 아내가 쌍둥이였으므로 황당한 일도 있었다. 쌍둥이인 줄 모르고 오신분들은 처제를 보고 놀랐고, 처제의 손님들은 영정사진을 보고 놀랐다고 했다. 초상집에서 밤샘을 할려고 찾아왔던 친구들과 함께 일하던 분들은 조문객이 너무 많아서 앉을 자리가 없어서 다들 그냥 돌아갔다.

　다행히 옆자리가 비어서 그 자리까지 썼지만 저녁 때에는 많은 분들이 음식도 드시지 못하고 그냥 돌아가셨다. 그토록 많은 사람들을 사랑하며 섬기며 살았던 아내는 많은 사람들의 슬픔과 애도 속에 그렇게 우리곁을 떠나갔다.

　3일날 새벽 장지인 고향땅으로 가는데 함께가지 못하는 많은 성도님들이 뼈속까지 한기가 느껴지는 새벽 장례식장에 찾아와 안타까운 눈으로 바라보며 마지막 으로 떠나가는 아내를 배웅했다. 장례식날은 너무나 추웠다 장지에서는 앞을 보고 걷기가 힘들만큼 추웠다. 장지에서 마지막 예배를 드리고 아내의 시신을 땅에 넣은 후 흙을 퍼서 첫 삽을 내가 뿌렸다. 그토록 사랑했던 사람, 영원히 함께 하고 싶었는데 이렇게 빨리 먼저 보내야 하다니… 나는 슬픔을 참지 못하고 오열했다.

　장례식을 마치고 집으로 돌아왔다. 며칠만에 돌아온 집은 분명 내가 사는 집인데 낯설게만 느껴졌다. 약 1년여 전 아내는 회사 일로 십여일간 유럽 연수를 다녀 온적이 있다. 그때 나는 하루 밤도 침대에서 잠을 자지 못했다. 아내없는 침대에서 잠을 잘 수가 없어서 그 기간동안 쇼파에서 잠을 잤다.

그때의 기억 때문에 오늘 내가 아내가 없는 저 침대에서 잠을 잘 수 있을까 생각하니 겁이 났다. 그런데 그동안 피로가 한꺼번에 몰려와서 그런지 저녁을 먹자 마자 잠이 몰려왔다. 방문을 열고 내 방으로 들어 갔다. 오늘밤 이 침대에 올라가지 못한다면 나는 영원히 이 침대에는 올라가지 못할 것 같았다. 그래서 용기를 내어 침대에 올라갔다. 항상 잠자고 쉬었던 이 침대를 오르기가 이렇게 힘이 들다니. 그날 밤 워낙 피곤해서 그런지 생각보다 빨리 잠을 잤다.

아이들 교육은 주로 아내를 중신으로 했는데 이제 어떻게 하나 생각 하다가 우선 일주일에 한번 가정예배를 드리기로 마음 먹었다.

장례 후 첫 가정예배 때 "얘들아 하나님께 감사하자"하고 말했더니 엄마를 잃은 슬픔 가운데 고개를 푹 숙이고 있던 두 아이가 눈이 휘둥그래져저 나를 쳐다봤다. 그 표정은 아빠가 어떻게 된 것 아닌가 하는 표정이었다. 그래서 아이들에게 "아빠가 감사하자는 것은 엄마의 죽음 자체가 아니다. 너희들에게나 이 아빠에게나 엄마를 잃은 것은 가장 큰 슬픔이다. 그러나 생각해보자 만일에 우리가 하나님을 믿지 않았다면 지금 아빠가 어디서 무엇을 하고 있겠니? 모르긴해도 어느 술집에 틀어박혀 술에 쩔어서 세상 원망하고 하늘 원망하고 있을텐데 지금 우리는 하나님께 예배드리고 있잖니, 그리고 외할머니가 옆에 계셔서 당장 밥해먹고 살림하는데 어려움이 없고. 아빠가 그동안 많은 암환자들을 지켜봤다. 그들 중에는 항암제 수십 번 맞고 고통속에 숨져가는 사람도 많았지만, 엄마는 그래도 그들에 비하면 덜 고통받고 하늘나라에 갔으니 우리 이것으로 감사하자."고 했다.

너희가 사랑하는 엄마는 일찍 하늘나라에 갔지만 아빠는 항상 너희를 위하여 새벽마다 밤마다 기도하고 있으니 하나님께서 너희들에게 반드시 축복해 주실것이며, 너희 뒤에는 하나님이 계시고 기도해 주는 아빠가 있으니 용기를 가지고 살자고 격려해 주었다.

그 이후 다시 아버지 학교를 섬기고 싶었다. 그래서 아이들에게 "아빠는 다시 아버지 학교를 섬기고 싶다. 그러나 아버지학교 섬기는 일보다 더 중요한 것은 너희들이다. 너희들이 화요일과 토요일에 아빠가 집에 늦게 들어와도 스스로 잘 해주면 아버지학교를 섬기고 그렇지 않으면 아버지학교 섬기는 일은 그만두겠다"고 말했더니 아이들이 "아빠 우리는 괜찮으니 아버지학교 섬기세요."해서 다시 아버지학교를 섬길 수 있었다.

그러나 나에게 더 중요한 것은 아버지학교 섬기는 일과 교회를 섬기는 것보다 두 아이의 아버지로서 이들을 잘 양육하는 것이 나에게는 더 큰 사명이라고 생각한다.

그래서 아이들을 위해 아버지로서 사명감을 가지고 매일 기도한다. 고아원을 운영하며 평생에 5만번 기도응답을 받았다는 죠지뮬러의 이야기를 우리는 잘 알고 있다. 그의 아들은 이런 말을 했다고 했다. 고아원 밖에 물려준 게 없는 아버지이지만 그 아들은 "나는 아버지로부터 많은 유산을 물려 받았다. 그것은 아버지가 생전에 기도했는데 응답받지 못한 것들을 하나님께서 나의 대에서 많이 응답해 주셨노라"고. 나는 그 말을 믿는다. 내가 나의 자녀들을 위하여 무릎 꿇고 기도하는 한 나의 자녀들의 인생이 결코 저물지 않으리라는 확신이 있다. 무엇보다도 나는 우리 아이들에게 믿음의 유산을 많이 물려주고 싶다. 물질적인 것을 얼마나 많이 물려줄 수 있을지 알수 없지만 믿음과 기도의 유산만큼은 그 어느 아버지 못지않게 많이 물려주고 싶다. 그래서 먼 훗날 우리 아이들이 이 아빠를 기억 할때에 우리 아빠는 우리를 위해 항상 기도하는 아빠였고 항상 말씀을 읽고 묵상하며 항상 최선을 다해 주님를섬기던 그런 아버지로 기억되고 싶다.

　우리 부부는 결혼 기념일마다 여행을 다녔다. 그래서 4월 5일날은 아무도 우리를 찾지 않았다. 주변 사람들에게 우리는 결혼 기념일마다 여행을 다니는 부부로 다 소문이 났기 때문이다. 첫해는 큰 아이를 임신하고 만삭인때라 여행을 못했고 마지막 때는 아내의 건강때문에 당일날 아이들과 함께 춘천을 다녀왔다. 우리 결혼 기념일은 4월 5일 식목일이다. 아내를 떠나 보내고 처음 맞는 결혼기념일날 나는 혼자서 시골 선산에 있는 아내의 무덤을 찾았다. 산을 오르며 보니 양지쪽에는 듬성 듬성 피어 있는 진달래꽃이 차가운 봄바람에 힘없이 흔들리고 있었다. 아내가 살아 있었다면 오늘도 우리 둘이는 어디론가 여행을 떠났을텐데 이제 다시는 그럴 수 없게 되었다. 아내의 묘 앞에서 나는 한 가지 약속을 했다. "안나 엄마 나는 당신때문에 너무나 행복했어 그리고 나보다 당신이 나를 얼마나 더 사랑하고 남편으로 위해 줬는지 알아 내가 당신에게 한가지 약속 할게 그것은 앞으로 세상을 살아가면서 내가 더 행복하게 살기위해 당신과 나 사이에 태어난 우리 아이들이 불행해 지는 선택은 하지 않을께" 그것이 아내를 떠나보낸 후 아내와의 약속이었다.

한가지 나에게 다행인 것은 식목일이라 휴일이었던 결혼기념일은 주5일 근무로 바뀌면서 공휴일에서 제외됐다. 참으로 나에게는 다행이었다. 그날이 휴일이면 아내생각에 더 힘이 들텐데 이것도 하나님의 배려인가 보다.

집에서 아들녀석이 내 방에 들어 올 때에 같은 남자라 그런지 노크를 하지 않고 문을 열고 들어온 적이 몇번 있었다. 그때마다 나는 기도하고 있거나 성경을 읽고 있었다. 딸 아이가 내 방에 들어 올때도 마찬가지였다. 노크를 하고 들어와도 분위기로 아빠가 무얼하고 있었는지는 충분히 알 수 있다. 내가 자녀들에게 그런 모습을 보여준 것을 나는 자랑스럽게 생각한다. 가정예배를 드릴 때 아이들에게 기도를 시키면 처음에는 아빠의 기도를 그대로 흉내 냈는데 언젠부터인가 그 기도가 자신들의 기도가 되어가고 있는 것을 느낄수 있었다. 몇년 전 2월 1일 아내의 3주기때 아이들과 같이 아내의 묘를 찾아가서 아이들에게 고맙다고 말했다. 딸아이에게는 아빠가 남들만큼 뒷바라지도 못해줬는데 공부 잘해서 좋은학교 진학해줘서 고맙고, 아들에게는 비록 공부는 잘 하지 못하지만 잘못된 길로 가지않고 바르게 자라줘서 고맙다고 했다. 며칠전 딸 아이에 방에 들어갔다가 우연히 다이어리를 보게 되었는데 그런 메모가 있었다.'세월이 정말 빠르다. 벌써 3년이라니. 처음으로 울지않고 지나간 2월 1일 이렇게 무디어지고 멀어지나보다. 내가 아무리 보고 싶어도 볼 수 없다는것을 알기에 사랑하고 보고싶은 엄마.' 몇 줄 안되는 글 속에 고등학교 사춘기 시절을 엄마 없이 보낸 딸 아이의 엄마에 대한 슬픔과 그리움이 배어 있었다. 특별히 엄마를 사랑했고 엄마를 자랑스러워 했고, 또 친구들이 부러워 하던 좋은 엄마였기에 상처가 더 컸으리란 생각이 들었다. 서로가 씩씩한 척 했지만 가슴속 깊은 곳에 있는 슬픔과 그리움은 어쩔수 없었다.

나 또한 아내가 병이 들고 난 후부터 꽃이 피는지 지는지 봄인지 겨울인지 전혀 감각도 없이 살았다. 세상은 아무것도 변한 게 없는데 다만 내가 사랑하는 사람 한 명이 이세상에 없을 뿐인데 온세상이 잿빛으로 보였다. 지난 가을 처음으로 곱게 물든 단풍이 아름답게 느껴졌다. 새 봄에는 활짝핀 꽃도 푸르른 새싹도 다시 아름답게 느껴졌다. 역시 유행가 가사처럼 세월이 약인가보다. 이제 나도 아이들도 조금씩 회복되고 있나 보다.

우리는 그동안 TV에서 뉴스나 드라마에서 나오는 장례식 장면조차 보지 못했다. 그런장면이 나오면 얼른 채널을 바꿨다. 그리고 무슨 대화를 하다가 그 이야기가 엄마 이야기와 연결이 될 것 같으면 중간에 말을 다른데로 돌리곤 했다. 그러나 계속 그럴 수는 없을것 같아서 조금씩 아이에게 일부러 엄마 이야기를 했다. 그래야 나도 아이들도 회복될 것 같기 때문이다. 이제 나의 가장 큰 바람은 아이들이 엄마를 잃은 슬픔을 극복하고 더 밝고 씩씩하게 자라서 훌륭한 믿음의 일꾼이요 건전한 사회인으로 성장하기를 간절히 간절히 소망한다. 이제 딸 아이는 스물 세살 대학교 3학년 아내와 내가 연애를 시작한 나이가 되었다. 주일학교 교사로 열심히 섬기고 좋은 친구들과 밝게 교제하며 씩씩하게 사는 모습이 사랑스럽다. 아들은 스물 한살 삼개월 전 군에 입대 했다. 워낙 까다로운 녀석이라 조금 걱정을 했는데 생각보다 훨씬 군생활 잘 하고 있다. 주변 사람들이 우리 아이들을 보고 이 애들은 엄마없이 자란 아이들 같지않게 밝게 잘자랐다는 말을 들을 때 감사했다. 그 만큼 아이들이 밝게 자라주었기 때문이다. 자라나는 아이들을 보면서 느끼는 것은 기도의 힘이다. 물론 아이들이 내가 원하고 바라며 기도한대로 성장하지는 않았다. 그러나 아이들은 큰 틀 안에서 보면 아직은 아버지인 내 기도의 틀 안에서 성장하고 있다고 느껴지기 때문이다.

이제 약 1년 반정도 지나면 딸아이는 사회에 나갈 것이고 아들녀석도 군에서 제대를 하게 된다. 이제는'이들이 나를 떠날 때가 있겠지. 결혼식장에서 신부들을 보면 언젠가 나도 내 딸을 저렇게 떠나보내겠지.'생각하면 벌써 가슴이 저려왔다

딸아이는 워낙 자기 앞가림을 잘 하고 있어서 사실 별로 걱정이 안 된다. 아들은 아직은 조금 염려가 되지만 군생활을 하면서 편지와 전화를 통해 성장해 나가는 것을 느낀다. 부모에게 자식이란 무엇일까? 어쩌면 부모에게 가장 큰 기쁨도 주고, 가슴 졸이게 하는게 자식인지 모른다. 아들녀석이 고3 수험생일 때 퇴근해서 집에 오면 항상 컴퓨터 앞에서 게임을 하고 있었다. 그 모습을 보면 화가나서 바로 집에 들어오지 않고 문 앞에서 심호흡을 하고 들어 왔다. 어자피 내가 야단 친다고 녀석이 공부 할 것 같지 않아서였다. 야단치면 아들과의 사이

만 나빠질것 같았다. 나중에라도 철이 들면 그때는 조금 늦었다 할지라도 잘 할 수 있으리란 생각에서였다. 우리의 인생은 전혀 예측할 수 었는 방향으로 갈수도 있다. 지금의 내 모습은 10년 전에는 도저히 상상 할 수 없었던 모습이다. 10년후 내 모습도 어쩌면 또 그렇게 될지 모른다. 영화 바람과 함께 사라지다의 마지막 장면은 사랑하고 사랑해주던 두 남자를 동시에 떠나 보내고 통곡하던 여주인공 비비안리는 고향땅에서 땅을 바라보며 그 흙속에서 새삶을 다짐하는 장면으로 끝이난다.

지금 내 삶은 힘들고 어렵다. 그래도 나름대로 하나님을 열심히 믿고, 섬기며 살고있다. 그러나 나는 아직 사도 바울이나 예수님의 제자들처럼 복음을 전하는 그 삶만으로 만족하며 살만큼 성숙하지는 못했다. 그래도 하나님을 바라보면서 살고 있다. 모든것을 합력하여 선을 이루어 주시며 하나님 한번도 나를 실망시킨적 없는 그 하나님이 내 하나님임을 믿으며…

초판발행	2012년 6월 27일
증보판발행	2015년 12월 4일
지은이	김용태
발행인	김용태
발행처	도서출판 153
주 소	서울 · 강북구 삼양로 149길 36
출판등록	제2015-000032호
표지디자인	나명균
인쇄	백승프린팅
편집	바울기획
이메일	pauld@hanmail.net